BRUCKMANNS LÄNDERPORTRÄTS

GRIECHENLAND

»Griechenland ist das, was jedermann kennt,
auch wenn er noch nie dort gewesen ist…
Griechenland ist so, wie man erwartet, dass die Erde –
gäbe man ihr die Möglichkeit dazu –
aussehen sollte«

Henry Miller

BRUCKMANNS LÄNDERPORTRÄTS

GRIECHENLAND

FOTOGRAFIE: RAINER HACKENBERG

TEXT: KLAUS BÖTIG

BRUCKMANN

Inhalt

KALEIDOSKOP

LANDSCHAFTEN UND REGIONEN

DATEN UND FAKTEN

Kaleidoskop

Traumurlaub in Griechenland: In einem kleinen Hotel direkt am Meer aufwachen, am romantischen Inselhafen frühstücken und den Fischern beim Netzeflicken zusehen. Danach zur Strandbucht gehen, schwimmen und schnorcheln. In der Taverne beim freundlichen Wirt, der einen spätestens beim zweiten Besuch wie einen alten Freund begrüßt, einen Bauernsalat verspeisen und dazu ein Gläschen griechischen Wein trinken. Nach einer Siesta ins Hauptdorf bummeln. Zum Sonnenuntergang auf den Burghügel steigen und die Sonne im Meer versinken sehen. In der Taverne kulinarische Köstlichkeiten genießen, Griechen beim Syrtaki zusehen und im Mondschein ein paar Tanzschritte wagen …

Das Kaffeehaus ist der Mittelpunkt des sozialen Lebens in jedem griechischen Dorf. Auch der Dorfpriester ist hier ein gern gesehener Gast.

WILLKOMMEN IN GRIECHENLAND

Urlaubsträume werden in Hellas jeden Sommer tausendfach wahr. Doch auch der klassische Kulturreisende, der auf den Spuren der Antike wandeln will, wird in Griechenland glücklich werden. Er kann in Olympia die Geburtstätte der Olympischen Spiele bewundern oder in Athen die Tempelpracht der Akropolis auf sich wirken lassen, dieses Denkmal des ersten Sieges eines demokratischen Staates über Oligarchie und Despotismus.

Antike Tempel stehen über das ganze Land und viele Inseln verteilt, wurden oft an landschaftlich besonders reizvollen Stellen harmonisch in die Landschaft eingefügt. In gut erhaltenen antiken Theatern wie dem von Epidauros werden im Sommer zum Zikaden-Konzert die Tragödien und Komödien antiker Dichter aufgeführt, in manchen antiken Stadien – wie dem in Nemea – werden heute gar wieder Wettkämpfe ausgetragen. Griechenlands Museen beherbergen antike Kunstschätze und Zeugnisse des täglichen Lebens vor 2500 Jahren.

EIN FACETTEN-REICHES LAND

Griechenland entspricht in der Tat vielen Klischees, die wir von diesem Land im Kopf haben. Aber die griechische Realität ist dennoch sehr viel facettenreicher als das Bild, das Werbespots und die Kataloge der Reiseveranstalter von Hellas zeichnen. Das fängt schon bei der Landschaft an: Die meisten Touristen steuern die 90 bewohnten Inseln in der Ägäis und dem Ionischen Meer an. Diese machen nicht einmal 20 Prozent des griechischen Bodens aus, empfangen aber rund zwei Drittel aller europäischen Pauschalurlauber. Kreta und Rhodos zusammen zählen alljährlich mehr Besucher als Athen – fast vier Millionen.

Dabei ist Griechenland nur in zweiter Linie ein Inselstaat. In erster Linie ist es ein äußerst gebirgiges Land mit vielen Gipfeln, die praktisch direkt aus dem Meer über 2000 Meter hoch aufsteigen. Sie sind über das ganze Festland verteilt – reichen vom 2033 Meter hohen Berg Athos auf der Chalkidiki bis zum 2407 Meter hohen Taygettos bei Sparta auf dem Peloponnes. Im Winter sind sie so schneereich, dass man in den Bergen zahlreiche gut ausgestattete Wintersportorte mit Skiliften und präparierten Pisten findet. Die Passhöhen sind hier oft nur mit Schneeketten befahrbar.

Die zahlreichen Gebirgszüge werden von tiefen Schluchten durchzogen und umschließen eine Vielzahl kleiner Hochtäler und weiter Hochebenen, die gleichsam kleine Welten für sich bilden. Diese Kleinteiligkeit des Festlands hatte in der Antike zusammen mit der Vielzahl der Inseln die Entstehung der griechischen Staatenwelt gefördert. Griechenland war ja bis 1829 nie ein Nationalstaat, sondern nur eine Idee: Hunderte von Städten und Inseln bildeten jeweils eigene Staaten mit verschiedenen Verfassungsordnungen und eigenen Armeen, die sich häufig untereinander bekriegten, verbündeten, zerstörten und versklavten. Dieser Wettstreit zwischen den vielen selbstständigen Staaten, die eine gemeinsame Sprache, Kultur und Religion hatten, förderte nicht nur die sportlichen, sondern auch die geistigen Leistungen: Der »agonos«, der Wettbewerb, war nicht grundlos eine tragende Säule des antiken griechischen Lebens.

GESCHICHTE ÜBERALL

Zum vielseitigen Bild der griechischen Natur tragen auch Tropfsteinhöhlen und Wälder, Flüsse und Feuchtgebiete, Seen und Wasserfälle bei. Ebenso abwechslungsreich präsentiert sich Griechenlands Kulturlandschaft: Antike Tempel und Theater sind nur einige der vielen Zeugnisse der Vergangenheit, die in der über 5000-jährigen Geschichte auf griechischem Boden entstanden.

Die minoischen Paläste Kretas mit ihren eleganten Fresken bilden dabei einen ersten Höhepunkt. In der Folge verlagerte sich das Machtzentrum über die Ägäis auf den Peloponnes, wo die Mykener trutzige Burgen und kunstvolle Kuppelgräber bauten. In einer von gewaltvollen Mythen erfüllten Geisteswelt den Stoff ersannen, aus dem sodann die Tragödiendichter der klassischen Antike das europäische Theater entstehen ließen.

Den Bauwerken aus jener Zeit zwischen dem sechsten und vierten vorchristlichen Jahrhundert – der höchsten Blüte antiker Kultur – widmen die Archäologen seit jeher besondere Aufmerksamkeit, weil in diesen Jahrhunderten viele der Grundlagen unserer heutigen Kultur und Wissenschaft gelegt wurden: Denken wir nur an Philosophen wie Platon und Aristoteles, Mediziner wie Hippokrates, Mathematiker wie Euklid und Pythagoras, Architekten und Künstler wie Praxiteles und Iktinos.

Selbst unter den Inseln gibt es kaum ein Eiland, wo die Altertumsforscher keine Heiligtümer und Stadtreste ans Tageslicht gebracht haben. Da viele dieser Städte über 1000 Jahre lang bestanden, wurde an ihnen auch in hellenistischer und römischer Zeit weitergebaut. So erzählen etliche der archäologischen Stätten eine Geschichte, die so lang ist wie die Geschichte Mitteleuropas von Karls Kaiserkrönung im Jahr 800 bis zum heutigen Tag. Wer eine griechische Ausgrabung besucht, betrachtet also keine Momentaufnahme, sondern ein dickes Geschichtsbuch.

Mehr noch als durch die vorchristliche Zeit wird das Bild Griechenlands freilich durch seine über 1600-jährige christliche Geschichte geprägt. Tausende mittelalterlicher Kirchen sind über das Festland und die Inseln verstreut. Viele bergen Fresken und wertvolle Ikonen. Die auf abweisenden Felskappen erbauten Meteora-Klöster und die Abteien der Mönchsrepublik Athos sind zwar die bekanntesten, aber beileibe nicht die einzigen uralten Klöster des Landes. Hunderte von Konventen im ganzen Land werden noch heute von Mönchen und Nonnen

Megalo Meteoro ist 600 Jahre alt. Auch heute leben in dem auf steilem Fels errichteten Kloster noch Mönche.

Viele Facetten: Eselsreiter mit Handy, Restaurant in Athen, Heiligenbilder in Arta, Fischerboot auf der Chalkidiki

bewohnt, sind als Stätten der Gastfreundschaft Ziele großer Pilgerscharen. Weithin sichtbare Spuren haben auch die römisch-katholischen Kreuzritter und die Venezianer mit ihren Burgen und befestigten Städten hinterlassen, die nach 1204 jahrhundertelang über weite Teile Griechenlands herrschten. Zum bunten Bild tragen zudem die türkischen Moscheen als Zeugnisse einer über 400-jährigen Herrschaft des Osmanischen Reichs über Festland und ägäische Inseln bei.

Mit Gründung des ersten griechischen Nationalstaates, den sich die Griechen 1821 bis 1829 in achtjährigem Kampf gegen das Osmanische Reich blutig erstritten hatten, begann dann eine Rückbesinnung auf die Antike. Ausländische Philhellenen bestimmten die Architektur des 19. Jahrhunderts: In Athen entstanden zahlreiche klassizistische Neubauten wie Königspaläste, Universität und Nationalbibliothek. Auch in den Provinzhauptstädten wurden Rathäuser und Markthallen gebaut, die ebenso in Frankreich, Bayern oder Nordamerika stehen könnten.

Im 20. Jahrhundert kam nicht viel Sehenswertes hinzu. In dieser Periode wurde vor allem schnell, nicht schön gebaut. Zunächst galt es, ab 1923 über 1,5 Millionen griechische Flüchtlinge aus Kleinasien und vom Schwarzen Meer notdürftig unterzubringen. Die Bevölkerungszahl der Städte explodierte. Bis dahin kaum besiedelter Kirchen- und Klosterbesitz wurde enteignet und an die Neuankömmlinge verteilt. Der Zweite Weltkrieg, in dem

Griechenland von Deutschen, Italienern und Bulgaren besetzt war, brachte große Zerstörungen über das Land. Ganze Dörfer und Kleinstädte wurden als Vergeltung für Partisanenüberfälle niedergebrannt, viele Bewohner erschossen. Bomben fielen auf Korfu und Leros, Iraklio und andere Städte. In den ersten 50 Jahren der Nachkriegszeit spielten ästhetische Aspekte in der Architektur keine Rolle.

Heute sind die Griechen erstmals wieder dabei, architektonische Glanzpunkte zu setzen: Mit dem Dach des Olympiastadions für die Olympischen Spiele in Athen, mit dem Bau einer Brücke über den Golf von Korinth zwischen Rio und Antirrio und – eine technische Meisterleistung – mit der Vollendung einer Autobahn, die eines Tages Istanbul mit Igoumenitsa am Ionischen Meer verbinden wird.

EIN LAND IM WANDEL

Mitfinanziert werden diese Baumaßnahmen wie viele andere im Lande durch die Europäische Union. Sie förderte beispielsweise mit über 19 Millionen Euro die insgesamt 31,2 Millionen Euro teure Restaurierung der Athener Akropolis. So hat Griechenlands EU-Beitritt im Jahr 1981 in jeder Hinsicht viel zur Modernisierung des Landes beigetragen.

Einen zweiten Impuls gab die Vergabe der Olympischen Spiele 2004 an Athen. Schon im Januar 2000 wurden in der Vier-Millionen-Metropole zwei neue U-Bahn-Linien mit 16 neuen Bahnhöfen eingeweiht. Dadurch wurden täglich 100 000 Autos von den

11

Straßen geholt, der Schadstoffausstoß sank um 73 Tonnen pro Tag. Im Frühjahr 2001 nahm der neue, hochmoderne Flughafen »Eleftherios Venizelos« seinen Betrieb auf. Auf Teilbereichen des alten Flughafengeländes entstanden olympische Sportstätten, von denen eine den Athenern künftig viel Spaß bereiten soll: Aus der Kanu-Slalom-Strecke wird nach 2004 Athens erstes großes Spaßbad werden.

Besonders eifrig wurde an neuen Bahnlinien gebaut. Eine schnittige Straßenbahn, »tram« genannt, verbindet das Stadtzentrum mit Piräus und den Vororten an der Küste bis hin nach Vouliagmeni. Sie wird täglich bis zu 80 000 Fahrgäste befördern. Die Triebwagen dafür werden in Griechenland selbst hergestellt. Eine »metro« getaufte U-Bahn verbindet die Stadt mit dem Flughafen. Sie verläuft teilweise über die Gleiskörper der neuen »Suburban Rail«, einer Art S-Bahn, die Athen entlang des östlichen Stadtrands umspannt und täglich bis zu 120 000 Passagiere transportiert. Ein Wandel hat sich auch im dichten innerstädtischen Buslinennetz vollzogen: Schon sind über 300 mit Bio-Treibstoffen betriebene Öko-Busse im Einsatz.

Ein Höhepunkt der vorolympischen Herakles-Arbeiten konnte am 30. November 2003 gefeiert werden: Die vollständige Freigabe der Attiki Odos, einer 70 Kilometer langen, mautpflichtigen Ringstraße um Athen vom Airport bis zur Industriestadt Elefsina. Dort schließt sie an die Schnellstraße auf den Peloponnes an und ermöglicht es Provinzbewohnern und Besuchern so, Athen in etwa 45 Minuten zu umfahren und schnell in die ländlichen Regionen zu gelangen.

DIE SCHEINBAR HEILE WELT DER DÖRFER

Wer auf der Suche nach dem traditionellen, malerischen Griechenland ist, wird es trotz allen Wandels und aller Modernisierung auch heute noch finden. Die Aussichten auf Erfolg sind umso besser, je »griechischer« man die Aufgabe angeht. Das heißt vor allem, je weniger Hektik man an den Tag legt und je kommunikationsfreudiger man sich gibt. Laute Städte und ganz und gar dem Badetourismus verfallene Orte eignen sich weniger dazu. Der Dorfplatz oder die Uferpromenade ist der richtige Ausgangsort für solch eine Entdeckungstour, der frühe Vormittag oder der frühe Abend stellen die beste Zeit dar.

Morgens reiten vielleicht noch Bauern auf einem Maultier zu ihren Feldern, führen alte, ganz in Schwarz gekleidete Frauen ihre drei Ziegen zum Weiden. Währenddessen steht die Dorfjugend an der Bushaltestelle, das Handy am Ohr, und wartet auf den Schulbus zur nächsten Stadt – die Dorfschule ist schon seit Jahren geschlossen. Roma kommen mit ihren Kleinlastwagen ins Dorf, verkünden über Lautsprecher, was sie zu verkaufen haben: Plastikstühle und Schuhe, Textilien oder Kartoffeln, eben all das, was sonst im Dorf nicht erhältlich ist. Der Wagen des Fischhändlers ist meist von vielen Menschen umringt, obwohl

Das Olivenöl aus Kreta zählt zu den besten der Welt. In vielen Dörfern stehen noch die alten Ölpressen, die heute aber nur noch Museumsstücke sind.

das Geld meist nur für die kleinsten Fische reicht. Rentner setzen sich zu einem ersten Kartenspiel im Kaffeehaus zusammen oder klappen das Tavli-Brett auf, um dem dem Backgammon ähnlichen Nationalspiel zu frönen. Kontakte lassen sich hier leicht knüpfen: Wer als Tourist länger als nur zehn Minuten sitzen bleibt und sich nicht gerade mit seinem Reisepartner lautstark über die letzte Urlaubsreise nach Peru oder Australien unterhält, wird sehr bald mit den Einheimischen ins Gespräch kommen.

Am späten Nachmittag sind dann auch die jüngeren Leute wieder im Dorf. Gegen 18 Uhr beginnt überall in Hellas die Zeit der »Volta«. In kleinen Orten steuert man dafür den Dorfplatz oder den Hafen an, in größeren Dörfern und in den Städten flaniert man zunächst einige Male die Haupteinkaufstraße auf und ab, bevor man sich in einem Café niederlässt. Die »Volta« ist die Zeit des Sehens und Gesehenwerdens, des Kurzgesprächs mit Freunden, Verwandten und Bekannten. Die Rentner sitzen wieder im »kafenio«, spielen oder sehen fern. Die Jugendlichen nutzen die günstige Gelegenheit zur »Balz«: Die jungen Männer führen lautstark ihre Mopeds vor, die jungen Frauen die neueste Mode. Fast jeder Einheimische lässt sich zumindest kurz an den sozialen Treffpunkten sehen.

Meist ist auch der griechisch-orthodoxe Dorfpriester darunter – er ist leicht zu erkennen an seinem langen Gewand, der steifen Kopfbedeckung und seinem Rauschebart: Er sitzt im Kaffeehaus mit am Tisch, führt wie viele andere Familienväter auch seine Ehefrau und seine Kinder aus.

GLAUBE ALS MYSTERIUM – DIE ORTHODOXIE

Zum griechisch-orthodoxen Glauben bekennen sich 98 Prozent aller Griechen – er ist Teil des Griechentums. Die nationale Identität der Griechen beruht nämlich auf drei Säulen: Auf der weltweit fast einzigartigen Bedeutung ihrer antiken Künste und Wissenschaften, auf ihrer einzigartigen Sprache und Schrift sowie auf der griechischen Orthodoxie. Trotz vieler Jahrhunderte der Fremdherrschaft von Venezianern, Johanniterrittern oder Türken blieb das Volk immer seinem griechisch-orthodoxen Glauben treu. Freikirchen und Sekten haben hier kaum Zuspruch, die Religion ist mehr als nur persönlicher Glauben.

Dass sie auch im Alltag bis heute eine ungleich größere Rolle spielt als bei uns, wird jeder Reisende schnell bemerken. Ikonen hängen in Bussen, auf Fährschiffen, in Privathäusern und an Hotelrezeptionen. Passagiere im Bus bekreuzigen sich beim Passieren einer Kirche, viele Orte tragen den Namen des Ortsheiligen. An den Straßen stehen zahlreiche Bilderstöcke, die meist auf eine nahe Kirche hinweisen, deren Heiligen eine Bekreuzigung gebührt. Die Gotteshäuser sind nicht nur zu den Gottesdiensten gut besucht, sondern werden auch im Vorübergehen von Jung und Alt aufgesucht.

Und was passiert da nicht alles! Die Gläubigen zünden Kerzen an, küssen

Kerzen, Ikonen und Opfergaben sind wichtige Bestandteile des griechisch-orthodoxen Glaubens.

die Ikonen und die Reliquien von Heiligen. In vielen Kirchen haben die Menschen die Möglichkeit, nahe einer Ikone ihre auf Notizzettel geschriebene Gebete zu hinterlassen, damit ihr Gebet noch fortwirkt, wenn sie längst gegangen sind.

Auffallend unverkrampft ist der griechische Umgang mit den Heiligen. Das Öl für die Lichter in den Bilderstöcken und Kirchen wird häufig in Whisky-, Cola- und Ouzoflaschen aufbewahrt, von denen man nicht einmal das Preisschild entfernt hat. Während der Gottesdienste laufen Kinder in der Kirche herum, unterhalten sich Erwachsene leise miteinander. Sie kommen und gehen, kaum jemand verweilt die ganze Dauer des Gottesdienstes, der zwei bis drei Stunden währen kann. Bei Taufen klettern Kinder auf die Kanzel, um besser sehen zu können. Küster schleppen Plastikeimer mit warmem Wasser zum Taufbecken, Angehörige machen ungeniert mit der Videokamera Großaufnahmen vom Priester.

Orthodoxe Kirchen sind also keine Orte der Andacht und Feierlichkeit. Predigten gibt es nur zu ganz wenigen Anlässen, die wenigsten Priester sind dazu überhaupt befähigt. Was der Priester denkt, zählt nicht. Wichtig ist das Ritual, das seit über einem Jahrtausend nahezu gleich geblieben ist. Die Ostkirche hat weder an den Glaubenssätzen noch am Ritus der frühen Kirche Änderungen vorgenommen – aus diesem Grund bezeichnet sie sich als orthodox. Andere Konfessionen entwickelten sich und damit entstanden Abweichungen vom ursprünglichen, vom »richtigen« Weg. So gelten römische Katholiken und Protestanten den meisten Orthodoxen als Häretiker, denen das Paradies keinesfalls sicher ist. Das ist ein wichtiger Grund, warum die ökumenische Bewegung in Griechenland keine Chancen hat und auch ökumenische Trauungen noch immer nicht gestattet sind.

Der Glaube ist für den griechisch-orthodoxen Christen kein Spielball für kritische Theologen und keine Angelegenheit, über die man auf der Basis der Vernunft diskutieren kann. Der Glaube hat mit dem Verstand nichts zu tun, sondern ist eine Sache des Herzens. Das Unerklärliche bleibt unerklärlich, bleibt ein Mysterium, das nach menschlichen Denkmustern nicht erhellt werden kann. Wer glaubt, hat Anteil am Mysterium und damit an der Erlösung vom Tode. Die Heilige Schrift, die Texte der Kirchenväter und die von der frühen Kirche geschaffene Liturgie haben den Weg gewiesen. Wie das Öl für das ewige Licht aufzubewahren ist und wie sich Kinder und Videofilmer in der Kirche zu verhalten haben, darüber haben diese Quellen ebenso wenig gesagt wie über die Rechtmäßigkeit von Empfängnisverhütung und Priesterehen.

Neue Dogmen können seit 787 nicht mehr verkündet werden. Damals trat nach orthodoxem Verständnis letztmalig ein ökumenisches Konzil aller Bischöfe der Christenheit zusammen. Nur solche Synoden dürfen nämlich nach orthodoxer Auffassung Glaubenssätze verkünden. Eine Figur wie die des Papstes, dem die katholische Kirche das Recht zuspricht, neue Dogmen zu verkünden, ist der griechisch-orthodoxen Kirche völlig fremd. Ihr Oberhaupt, der immer noch in Istanbul residierende Patriarch von Konstantinopel, bekleidet nur ein Ehrenamt. Er hat wenig Macht über die Landeskirchen. Unliebsame Bischöfe kann er – anders als der Papst – nicht ihres Amtes entheben.

So gibt es heute eine ganze Reihe von dogmatischen Differenzen zwischen römischem Katholizismus und griechischer Orthodoxie. Die Westkirche reicht den Gläubigen bei der Kommunion ungesäuertes Brot, während es die Ostkirche bei dem alltäglichen, gesäuerten Brot beließ. Die römische Kirche vertritt den Zölibat für den Klerus, während in der Ostkirche Priester bis heute verheiratet sein dürfen – wenn die Trauung vor der Priesterweihe stattfindet. Die Ehelosigkeit ist nur für Mönche und Bischöfe Pflicht. Orthodoxe Christen dürfen sich bis zu zweimal scheiden und bis zu dreimal trauen lassen. Die Taufe wird durch Untertauchen des ganzen Körpers vollzogen, gleich anschließend wird die Erstkommunion erteilt. Die Ostkirche kennt kein Fegefeuer. Auch die leibliche Himmelfahrt Mariens ist für sie kein Dogma, so dass der Sterbetag Mariens hier »Kimissis tis Theotokou« heißt, wörtlich also »Entschlafung der Gottesgebärerin«.

IKONEN – TORE ZUM HIMMEL

Wer Griechenland verstehen will, muss zumindest ansatzweise begreifen, was die allgegenwärtigen Ikonen den meisten Griechen bedeuten. Sie sind keine Heiligenbilder wie die Sakralgemälde in nicht-orthodoxen Kirchen, deren künstlerische Qualität zählt. Sie sind nicht Ausdruck

Die Marienkirche von Lindos auf Rhodos ist wie viele griechische Gotteshäuser mit biblischen Themen und Heiligen ausgemalt.

des Ideenreichtums eines Malers, sondern verkünden auf immer gleiche Art ewige Wahrheiten. Heilige und biblische Ereignisse sind auf ihnen nicht dargestellt, sondern werden durch sie im Raum gegenwärtig. Wer vor einer Ikone ein Gebet spricht, spricht direkt mit dem Heiligen, wer ihr Ehrerbietung erweist, erweist sie ihm. Insofern sind Ikonen wie Stellvertreter des Himmels auf Erden. Wer mit ihnen spricht, kann darauf hoffen, dass seine Bitten erfüllt werden.

Das wichtigste Merkmal einer Ikone ist immer, dass der gemalte Heilige oder das gemalte biblische Ereignis auch mit Buchstaben benannt werden.

So gehen Wort und Bild eine Einheit ein, wie Gottvater und Gottsohn eine Einheit bilden: Am Anfang war das Wort (Gottvater), der seinen Sohn der Menschheit zum Bilde gegeben hat.

Auch in der Art der Darstellung hat der Ikonenmaler nur wenig Freiheiten. Sehr schön deutlich wird das bei der häufig zu sehenden Weihnachtsikone, der Vergegenwärtigung von Jesu Geburt. Sie vollzieht sich nicht in einem Stall, sondern in einer dunklen Höhle – durch diese Geburt wird der Mensch vom ewigen Tod erlöst.

Ochse und Esel sind keine idyllische Stalldekoration, sondern symbolisieren das Heiden- und das Judentum,

zeigen durch ihre Anwesenheit, dass dieser Gottessohn für alle da ist. Das Kind liegt nicht in einer Krippe, sondern auf einer Art Altar: ein deutlicher Hinweis darauf, dass man durch die Teilnahme am Abendmahl Anteil am ewigen Leben erlangt.

In einer der beiden unteren Ecken wird das Neugeborene von Hebammen gewaschen: Es hat auf ganz natürlichem Wege das Licht dieser Welt erblickt. In der anderen Ecke sitzt ein äußerst skeptischer Joseph. Er war an der Zeugung ja nicht beteiligt und wird vom als Hirten verkleideten Satan gerade dazu verleitet, an der Vaterschaft Gottes zu zweifeln.

17

OSTERDIENSTAG AUF KARPATHOS

Am 15. August – dem Maria-Himmelfahrtstag – ist ganz Griechenland im Festrausch. Auf vielen Inseln, in Dörfern und Städten sind die zahlreichen Marienkirchen mit Fahnenbändern geschmückt: der blauweißen Fahne Griechenlands und einer goldenen mit schwarzem Doppelkopfadler. Diese ist die frühere Flagge von Byzanz und heutiges Symbol der griechisch-orthodoxen Kirche. Vormittags besucht man die Messe, abends wird in den Tavernen und auf den Dorfplätzen zu griechischer Live-Musik gespeist, getrunken und getanzt.

Noch bedeutender als dieser Feiertag ist überall in Griechenland das Osterfest. Ganz besonders traditionell wird es im abgelegenen Bergdorf Olympos auf der Insel Karpathos gefeiert. Besonders schön kann man hier den Osterdienstag miterleben: Morgens gegen 10 Uhr beginnt ganz gemächlich der Festtag. Vier festlich gekleidete Knaben mit Standarten führen eine kleine Prozession an, die sich zum Glockengeläut in Bewegung setzt. Hinter den Knaben tragen vier gestandene Männer jeweils eine große Ikone aus der Dorfkirche, gefolgt vom Dorfpriester und seinem Küster. Ein Dutzend Touristen geht hinter ihnen her; zunächst folgt noch kein Einheimischer der Prozession.

An jeder der vielen Kapellen im Dorf werden die Ikonen kurz abgestellt. Der Priester spricht einen Sermon, dann geht es weiter zum Dorffriedhof. Hier warten schon einige Frauen an den Gräbern ihrer Angehörigen auf die Prozession. Die meisten von ihnen tragen Tracht. Als symbolische Nahrung für die Verstorbenen haben sie Körbchen und Schüsselchen mit Gebäck und traditionellen Süßigkeiten, aber auch Schokoriegel und Orangensaft in Tetra-Packs abgestellt.

Wenn der Priester an ihr Familiengrab tritt, überreichen sie ihm in Papier gerollte Euro- oder Dollarnoten. Auf dem Papier stehen der Name des Toten und ein Gebetswunsch, den der Priester mit kräftiger Stimme erfüllt. Danach wird die Totenspeise unter die Umstehenden verteilt. Nach etwa zwei Stunden hat der Priester alle Gebetswünsche erfüllt. Die Prozession, der sich jetzt die meisten Dorfbewohner anschließen, zieht hinunter in ein tiefes Flusstal und auf der gegenüberliegenden Seite auf kleinen Pfaden wieder den Steilhang hinauf. Dort befinden sich weitere Kapellen.

Gegen 14 Uhr steigt sie dann die steilen Gassen von Olympos wieder hinauf Richtung Kirchplatz. Hier haben inzwischen über 30 Frauen in Festtagstracht vor der Kirche Aufstellung genommen. Jede trägt schwere Ketten mit zahlreichen Goldmünzen um den Hals. Helfer haben einen langen Tisch

Zum Osterdienstag in Olymbos auf Karpathos legen die Menschen ihre prächtigen Trachten an. Sie feiern mit Lyra-Musik, Gebeten für die Toten und einer Ikonenversteigerung.

aufgebaut, auf dem Whisky und Ouzo, süßes Gebäck und Honig stehen. In den Kafenia am Kirchplatz spielen einige Männer die traditionelle dreisaitige Lyra und singen dazu.

Eine viertel Stunde später hat die Prozession den Kirchplatz erreicht. Die vier Ikonen werden auf dem langen Tisch abgestellt. Wieder beginnt der Priester mit einem langen Sermon, während zunächst die Männer, dann die Frauen an den Tisch treten. Sie küssen jede einzelne Ikone, legen Geld in einen Korb oder Samtbeutel, wählen ein Getränk und stärken sich mit Gebäck und Honig.

Anschließend beginnt eine eigenartige Versteigerung: Das Recht, die vier Ikonen in die Kirche zurückzutragen, wird an die vier Meistbietenden vergeben. Während der Priester seine liturgischen Texte spricht, nimmt der Küster laufend die Gebote entgegen und wiederholt sie lautstark. Die ersten Gebote liegen oft bei 200 Euro, den Zuschlag erreicht meist der, der mindestens 1000 oder 2000 US-Dollar bietet. Alle jetzt und anderweitig an diesem Tag eingenommen Gelder gehören der Kirche und werden im Jahreslauf verwendet, um verschiedene Gemeindeaufgaben zu finanzieren.

Gegen 15 Uhr 30 ist der kirchliche Teil der Feier beendet. Die Olymbier gehen erst einmal nach Hause, um sich ein wenig von der wirklich anstrengenden Prozession über Berg und Tal, Stock und Stein zu erholen.

Doch schon bald kommen die ersten zurück, um bei gutem Wetter auf dem Kirchplatz, bei schlechtem im Gemeindesaal zu feiern. Zu Lyra-Musik und Tanz ist jeder willkommen – auch der Fremde, der für diese Nacht vielleicht sogar ein Bett in einer der wenigen Pensionen von Olymbos gefunden hat. Stärken kann man sich dann bei rustikalen griechischen Speisen …

19

HELLAS JENSEITS VON GYROS UND SOUVLAKI

Ihre Teller leer zu essen, damit das Wetter am nächsten Tag schön wird, haben griechische Kinder niemals gelernt. Das liegt nicht nur am garantierten Sommer-Sonnenschein. Eine Tischgemeinschaft, in Hellas »parea« genannt, lässt immer soviel übrig, dass davon mindestens noch zwei andere Menschen satt werden könnten. Leere Teller würden signalisieren, dass man noch Hunger hatte, aber zu geizig war, mehr zu bestellen.

Sich eine Vielzahl von Tellern mit den verschiedensten Leckereien auf die Tafel stellen zu lassen, gehört in Griechenland zum guten Ton. Früher hat man sie bei einem Gang in die Küche ausgewählt. Heute sind die Küchen der EU-Hygienevorschriften wegen für die Gäste meist tabu. Das Angebot wird in Warmhalte- und Kühltresen zur Auswahl gestellt.

Immer mehr »en vogue« kommt wieder die alte Sitte, dem Gast das komplette Angebot des Hauses auf großen Tabletts direkt am Tisch zu präsentieren. Die gewünschten Teller werden mitten auf den Tisch gestellt; jeder nimmt sich von allem, so viel er mag: frische Salate und die Pürees wie Tzaziki (Gurken, Knoblauch, Yoghurt), Tarama (Fischeier und Kartoffel), Fava (gelbe Erbsen, Olivenöl, Zwiebeln) und Melindzanosalata (Auberginenpüree mit Olivenöl und Zitrone), in Ouzo zu flambierende Landwurst, mit Reis und Kräutern gefüllte Weinblätter, Oktopus-Kroketten und Anchovis – die Auswahl an solchen »mezedes« ist schier unendlich. Tavernen mit Tablett-Service gibt es in vielen Stadtteilen vom »To Gerani-O Kouklis« in einem Rektoratsgebäude aus dem 19. Jahrhundert im Altstadtviertel Plaka über das stilvolle »Vlasis« in einer dreigeschossigen klassizistischen Villa im Ausländerviertel Ambelokipi nahe der US-amerikanischen Botschaft bis hin zu »Kostas« zu Füßen des Parnithos am Rande der Stadt.

Voll im Trend liegt auch eine stärkere regionale Ausrichtung der griechischen Küche. Immer mehr Restaurants nennen auf der Karte die Herkunft ihrer traditionellen Spezialitäten. Gerichte aus der wilden Mani, einem der Finger des Peloponnes, und von der Insel Santorin stehen dabei besonders hoch im Kurs. Einige Inseln nutzen ihre örtlichen Spezialitäten auch schon zu Marketing-Aktivitäten. So haben sich auf der nordostägäischen Insel Chios zehn Tavernen mit Cafés und traditionellen Unterkünften zum »Green Net of Chios« zusammen geschlossen. Dort werden die alten Rezepte des Eilands wieder entdeckt und fast ausschließlich frische Produkte der Insel verwendet. Das Ergebnis sind zum Beispiel hausgemachte Pasta mit Zicklein aus heimischen Herden, Mastello-Käse und Mastix-Likör.

Neben der Rückbesinnung auf traditionelle Speisen steht aber auch die Neugier auf exotische Genüsse hoch im Kurs. Straußensteaks sind gang und gäbe, Krokodilsteaks finden hingegen nur auf Luxus-Inseln wie Santorin (im Restaurant Corto Maltese) ihr Publikum. Die breite Masse entdeckt den Reiz einer in Griechenland vollkommen unüblichen Vielfalt internationaler Restaurants, die vom deutschen Schweinebraten bis zur Peking-Ente kulinarische Weltreisen aus einer Hand anbieten. Gourmets gehen in die im-

Zu einem Gläschen Ouzo genießt man am liebsten viele leckere Kleinigkeiten, die »mezedakia« heißen.

mer zahlreicher werdenden Feinschmecker-Lokale Athens, die überwiegend mediterran ausgerichtet sind, sich aber auch den Köstlichkeiten Polynesiens und Persiens widmen.

Die Globalisierung der Gaumenfreuden macht auch bei den Getränken nicht Halt. Whisky hat den traditionellen Anisschnaps Ouzo als Nationalgetränk ersetzt. Statt des billigen geharzten Retsina trinkt man lieber teure Jahrgangsweine aus den immer zahlreicher werdenden kleinen Privatkellereien. Den althergebrachten griechischen Mokka trinken nur noch die Alten auf dem Lande, die Jugend geht in Coffee Shop-Ketten wie Starbucks, die allein in Athen fünfzehnmal vertreten ist, oder sitzt stundenlang beim Modegetränk schlechthin, dem Nescafé frappé. Selbst beim Gerstensaft gibt es neue Trends. Biere mit ausländischen Namen sind »out«, das neu entwickelte griechische Mythos-Bier und andere nationale Marken mit Etiketten in den Landesfarben Weiß und Blau kommen beim Normalverbraucher besser an. In Szene-Treffs und Beach Bars aber ist die Marke »Carib« aus Trinidad der absolute Renner.

s Angebot der Märkte in Athen und Thessaloniki lässt keine Wünsche offen. Ein beliebter Snack sind kleine Fleischspieße, die ebenso frischer Fisch am besten schmecken, wenn sie über Holzkohle gegrillt wurden.

LANDSCHAFTEN

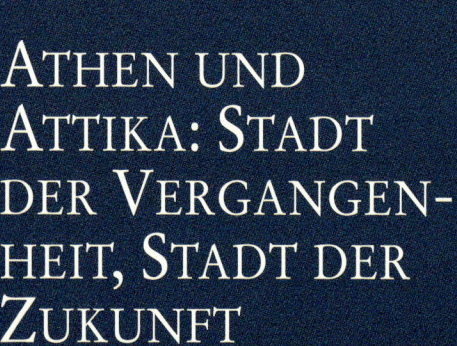

und Regionen

Athen
und Attika

In der griechischen Hauptstadt Athen und ihrer Umgebung lebt fast die Hälfte der elf Millionen Griechen. Spätestens seit dem gewaltigen Facelifting für die Olympischen Spiele 2004 ist die quicklebendige Metropole des Landes nicht nur ihrer Altertümer und Museen wegen mehr als einen kurzen Zwischenstopp wert.

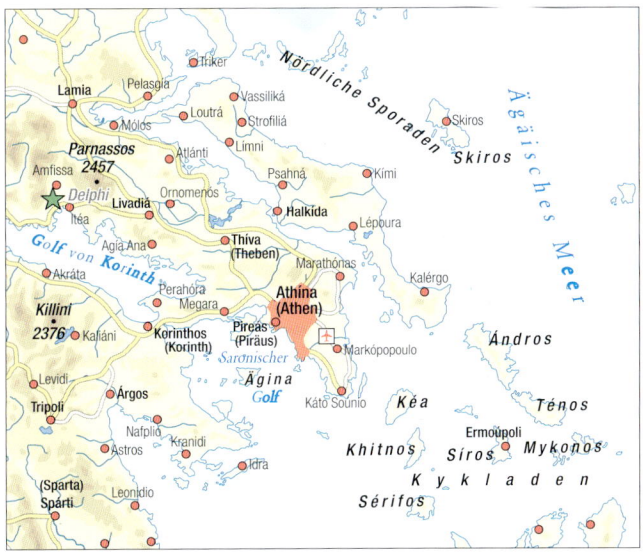

Die Akropolis überragt Athen. Zu ihren Füßen liegen die Agora, der antike Marktplatz, und die Plaka.

STADT DER VERGANGENHEIT, STADT DER ZUKUNFT

Athen liegt traumhaft schön in einem weiten, sanft von den Ufern des Saronischen Golfs landeinwärts ansteigenden Becken, das auf drei Seiten von teilweise über 1000 Meter hohen Bergen umgeben ist. Aus dem weißen Häusermeer der Vier-Millionen-Stadt ragen immer wieder grüne Hügel und kahle Felsen auf. In den Saronischen Golf ragt eine felsige Landzunge, die Athens Hafenstadt Piräus trägt. Dahinter tauchen bei klarer Sicht die Inseln Salamis, Ägina und Angistri auf; in der Ferne ragen die oft noch bis in den Mai hinein schneebedeckten Gebirge des Peloponnes in den meist blauen Himmel.

Zwei Felsen im Stadtzentrum sind besonders markant: Der eine ist der 277 Meter hohe Lykavittos. Seine untere Hälfte ist grün, die obere kahl, vom Gipfel leuchtet eine weiße Georgskapelle herab, vor der eine große griechische Flagge im Wind weht. Von hier aus ist der Blick auf Athen am schönsten, fällt er doch auch hinunter auf die Akropolis, den Götterfels der alten Athener. Der andere ist der Pnyx.

DIE AKROPOLIS

Lykavittos war die Keimzelle Athens. Die ersten Siedler lebten schon während der Jungsteinzeit auf diesem heiligen Fels. Im 13. vorchristlichen Jahrhundert ließen sich hier oben mykenische Herrscher einen Palast erbauen. Ein erster steinerner Tempel und prächtige Schatzhäuser für die Weihegeschenke an die Götter entstanden im sechsten vorchristlichen Jahrhundert Als die Perser 480 v. Chr. Athen einnahmen, zerstörten sie alle Bauten auf der Akropolis. Nach dem endgültigen Sieg der Griechen über die Perser im Jahr 479 v. Chr. stieg Athen zur Vormacht im ägäischen Raum auf. Die Inseln wurden in den Attisch-Delischen Seebund gezwungen, an dessen in Athen verwahrte Bundeskasse sie erhebliche Tribute zu entrichten hatten. Einen Teil davon nutzten die Athener zum Bau der neuen Akropolis. Sie sollte allen Griechen die Macht und die kulturelle Überlegenheit der Stadt und ihrer Staatsform, der Demokratie, demonstrieren.

In nur 41 Jahren entstanden zwischen 447 und 406 v. Chr. die Bauten, die heute so bewundert werden: Die Propyläen als monumentale Eingangshalle, der zierliche Nike-Tempel, das vielschichtige Erechteion mit den weltberühmten Karyatiden und der Parthenon als absoluter künstlerischer Höhepunkt. Geldprobleme kannte Athen damals überhaupt nicht. Der Bau des Parthenon beispielsweise kostete sie nur fünf Tonnen Silber und damit weniger als die Hälfte ihrer jährlichen Tributeinnahmen.

In den folgenden Jahrhunderten wurden auf der Akropolis vor allem Denkmäler für Staatsmänner und Kaiser errichtet. Als das Christentum Ende des vierten Jahrhunderts zur Staatsreligion erhoben wurde, wandelte man den Parthenon in eine Marienkirche um. Im Mittelalter residierten die Athener Bischöfe und die fränkischen Herzöge des griechischen Kreuzritterreichs auf der Akropolis. In türkischer Zeit wurde der Parthenon zum Munitionslager, zwischen den antiken Bauten errichtete man Wohnhäuser und Moscheen, Ställe und Badehäuser. 1687 sprengte eine von einem deutschen Offizier aus den venezianischen Truppen Francesco Morosinis abgeschossene Kanonenkugel den Parthenon in die Luft. Gut 100 Jahre später ließ der britische Lord Thomas Elgin Skulpturen und Reliefs von den Tempeln abnehmen und nach England verschiffen. Diese »Elgin Marbles« fordert Griechenland jetzt vom Britischen Museum zurück – bisher ohne Erfolg.

1834 erklärte Griechenlands erster König der Neuzeit, der Wittelsbacher Otto, die Akropolis zum Baudenkmal. Man riss alle osmanischen und mittelalterlichen Bauten ab. Aus dem in Jahrtausenden gewachsenen Bauensemble wurde ein musealer Bezirk, dessen Bild sich an den Vorstellungen des 19. Jahrhunderts von der klassischen Antike orientierte und vorrangig ein nationales Symbol werden sollte.

Seit 1975 wird die Akropolis nun restauriert. Reliefs und Skulpturen wie die berühmten Karyatiden wurden in Museen gebracht und am Tempel durch Kopien ersetzt. Bei früheren Restaurierungen verwendete, rostende Eisenklammern wurden durch Klammern aus Titan ersetzt. Zahllose Marmorblöcke wurden abgebaut, mit Kunststoff überzogen und nach neuesten archäologischen Erkenntnissen wieder zusammengefügt.

DAS ANTIKE ATHEN

Rund um die Akropolis führt in weitem Bogen eine Fußgängern vorbehaltene Promenade, welche die bedeutendsten antiken Stätten der Stadt miteinander verbindet. Sie beginnt am Tempel des Olympischen Zeus. 15 seiner einst 104 fast 17 Meter hohen Marmorsäulen stehen noch aufrecht, jede einzelne wiegt 150 Tonnen. Mit dem Bau dieses Tempels wurde schon 550 v. Chr. begonnen, aber erst der römische Kaiser Hadrian ließ ihn fast 700 Jahre später fertig stellen.

Vorbei an einem römischen Stadttor, dem Hadriansbogen, und an der Baustelle eines neuen Akropolis-Museums, das wahrscheinlich 2006 fertig gestellt wird, geht es nun weiter an den Fuß des Akropolis-Felsens. Rechter Hand liegen die eher spärlichen Überreste des Dionysos-Theaters, der Geburtsstätte der griechischen Tragödie. Hier feierten die alten Griechen ihren Gott Dionysos alljährlich mit Tänzen und Chorgesängen. Im Jahr 534 v. Chr. stellte ein gewisser Autor namens Thespis dem Chor einen Gegenspieler zur Seite: Der Dialog als Grundlage jeden Schauspiels war damit geboren. Schon im nächsten Jahrhundert wurden in diesem Theater die Tragödien eines Aischylos, Sophokles und Euripides uraufgeführt, die bis heute auf den Spielplänen der Theater in aller Welt zu finden sind.

Ein paar Schritte weiter entstand in römischer Zeit ein zweites Theater, das Odeon des Herodes Atticus. Während des allsommerlichen Athener Festivals können hier noch immer bis zu 5000 Zuschauer Theater-, Ballett- und Opernaufführungen sehen oder Konzerten lauschen – über sich den glitzernden Sternenhimmel und die erleuchtete Akropolis vor Augen.

Die archäologische Promenade führt nun durch einen Taleinschnitt. Links säumt ein niedriger, bewaldeter Hügelzug den Weg. Er reicht vom römischen Philopappos-Denkmal auf dem 147 Meter hohen Musenhügel bis zur Pnyx, der Stätte der antiken Volksversammlung. Seinen markanten Abschluss bildet ein Observatorium aus dem 19. Jahrhundert. Rechts bleibt weiterhin die Akropolis im Blick, die jetzt die Propyläen, ihr monumentales Eingangstor, dem Betrachter zuwendet. Kurz darauf steht man auf der Antiken Agora. Über 1000 Jahre lang – zwischen dem fünften vorchristlichen und dem fünften nachchristlichen Jahrhundert – war sie der Mittelpunkt des kommerziellen und gesellschaftlichen Lebens der Stadt. Hier standen Tempel und Verwaltungseinrichtungen, aber auch Säulenhallen mit Geschäften und Marktschenken. Eine von ihnen, die Stoa des Attalos, wurde vollständig rekonstruiert und dient heute als Museum, das vor allem Gegenstände des antiken politischen und täglichen Lebens beherbergt. Auf dem Gelände der Agora erhebt sich auch das Thission, Griechenlands besterhaltener Tempel. Er überstand die Jahrtausende nahezu unversehrt, da er bis 1834 als Kirche diente.

Klassisches Griechenland: Karyatiden vom Erechteion, Stier und Relief vom Kerameikos, das Odeon des Herodes Atticus, Säulenumgang des Thission. Klassizistisches Griechenland: Giebel der Akademie der Wissenschaften, Säulenkapitell am Zappeion

IN DER ALTSTADT

Der moderne Eingang zur Antiken Agora liegt unmittelbar am Rande des heutigen Flohmarktviertels Monastiraki. In kleinen Läden findet man hier nicht nur billige Textilien und Schuhe, sondern auch Antiquitäten und Antiquariate. Straßenhändler bieten Sammlern Briefmarken und Telefonkarten an, alte Grammophone stehen ebenso zum Verkauf wie Stahlhelme und Gasmasken aus dem Zweiten Weltkrieg.

Den gesamten Nordhang der Akropolis nimmt das Altstadtviertel Plaka ein. Hier, zwischen aufwändig restaurierten Prachtvillen aus dem 19. und frühen 20. Jahrhundert, archäologischen Ausgrabungen und mittelalterlichen Kapellen, schlägt das touristische Herz der Stadt. Die Läden sind voll von Nippes im »Antiklook«, Schmuck und Kunsthandwerk aus allen Landesteilen. In vielen kleinen Hotels kann man noch relativ preiswert wohnen. Unzählige Tavernen und Cafés werben um Gäste. An der stufenreichen Mnisikleous-Gasse reihen sich die Musiklokale aneinander, in denen abends zu griechischer Live-Musik Folklore gezeigt wird, nahe der orthodoxen Kathedrale kaufen Priester und Privatleute Kirchenmobiliar, liturgische Geräte und Ikonen ein.

Besonders geschäftig ist die Kydathineon-Straße. In ihren Kellertavernen werden frittierter Stockfisch mit Knoblauch-Kartoffel-Püree und Retsina

Besonders schön ist der Blick über das Altstadtviertel Plaka und das noble Viertel Kolonaki auf den 277 Meter hohen Lykavittos-Felsen.

33

vom Fass serviert, der für uns gewöhnungsbedürftige, mit Kiefernharz versetzte Weißwein Griechenlands. In der alten Weinhandlung Brettos in der gleichen Straße sitzt man zwischen alten Fässern und deckenhohen Regalen voller bonbonfarbener Liköre aus der hauseigenen Destillerie an einem einzigen langen Tisch und trinkt den aus dem Harz eines Macchia-Strauches gewonnenen Mastix-Likör.

Hier trifft man griechische Museumsdirektoren und amerikanische Poeten, nette Charmeure und polyglotte Professorinnen. Gleich schräg gegenüber zeigt im Sommer das Cine Paris auf einer Dachterrasse Filmklassiker und neueste Hits. Da agieren die Helden aus Hollywood auf einer Leinwand, die auf beiden Seiten von der Akropolis eingerahmt wird.

VIELFALT DER VIERTEL

So wie Monastiraki und Plaka besitzt auch jedes andere Stadtviertel Athens seine charakteristischen Eigenarten. Im Thissio-Viertel hat die moderne Kunst in einer alten Hutfabrik und dem ehemaligen Gasometer der Metropole eine Heimat gefunden, erklingt in den einstigen Pferdeställen des 1834 aus Bayern importierten Königs Otto die neueste griechische Rock-Musik. Im Viertel Psirri gleich nebenan werden tagsüber in zahlreichen kleinen Werkstätten Lederjacken genäht, Schuhe gefertigt und Korbstühle geflochten, während sich die Gassen abends in eine riesige Freiluft-Disco verwandeln. Im Stadtteil Kolonaki zu Füssen des Lykavittos-Felsens

nüsse die Weltmeere noch zu bieten haben, und die Metzger bieten unter nackten Glühbirnen schlachtfrisches Fleisch an.

»Ein Schiff wird kommen«

Spätestens Melina Mercouris im Filmklassiker »Sonntags nie« dargebotenes Lied machte Athens Hafenstadt Piräus weltberühmt. Piräus liegt auf einer lang gestreckten, felsigen Halbinsel gut 12 Kilometer von der Akropolis entfernt, ist aber nahtlos mit der Metropole zusammengewachsen. Im Norden wird sie vom großen Kantharos-Hafen gesäumt, dem Dreh- und Angelpunkt des Fährverkehrs zu den griechischen Inseln. Nahe der Hafenausfahrt legen Kreuzfahrtschiffe aus aller Welt an, so dass für Frachter kaum noch Platz bleibt. Diese steuern heute meist die neueren Kais außerhalb des historischen Hafenbeckens an. Tanker löschen ihre Ladung ohnehin in der Bucht von Eleusis außerhalb Athens.

Viel mehr, wenn auch kleinere Schiffe drängen sich im Hafen Zea Marina auf der Südseite der Halbinsel von Piräus. Hier haben hunderte von mondänen Segel- und Motoryachten, die den Multimillionären aus aller Welt gehören, ihre Liegeplätze. Bescheidener sind die Boote im Mikrolimano, dem dritten Hafen der Stadt. Dort machen neben einigen kleinen Yachten vor allem Fischerboote fest. Auf dem halbkreisförmigen Kai haben sich darum direkt am Wasser auch viele Fischrestaurants angesiedelt, die zu den besten und teuersten der ganzen Stadt gehören.

Das quirlige Leben spielt sich in Athen auf der Straße ab – ob im schicken Café oder in bunten Bazargassen. Wer Ruhe sucht, fährt von Piräus mit dem Schiff auf die Inseln.

wohnen viele ausländische Business-Leute und wohlhabende Griechen. Hier haben die internationalen Modezaren ihre Outlets und griechische Top-Designer ihre Ateliers. Im benachbarten Exarchia-Viertel wohnen überwiegend Studenten und »Alternative«. Gleich hinter dem Rathaus jagen die Athener in chinesischen Läden nach Schnäppchen, genießen indische Currys oder lassen sich beim pakistanischen Coiffeur preiswert frisieren. Wieder nur ein paar Schritte weiter findet in den über 100 Jahre alten Markthallen der Stadt montags bis samstags der Markt statt. Hier zeigen die Fischverkäufer, welche kulinarischen Ge-

Außer seinen drei Häfen hat Piräus dem Besucher nur wenig Spektakuläres zu bieten – typische Hafenkneipen und ein verruchtes Nachtleben gibt es schon lange nicht mehr. Kunstfreunde statten dem Archäologischen Museum einen Besuch ab, dessen wertvollster Schatz ein monumentales Grabdenkmal aus der Zeit um 330 v. Chr. ist. Es ist von besonderem Interesse, weil es Einflüsse des etwa zeitgleich entstandenen Mausoleums von Halikarnassos zeigt, einem der sieben Weltwunder der Antike. Geschichtsbewusste Besucher gehen ins Schifffahrtsmuseum an der Zea Marina, wo ein Modell den Ablauf der Seeschlacht von Salamis zwischen Athenern und Persern im Jahr 480 v. Chr. bildhaft erläutert. Geht man von dort die Uferstraße westwärts entlang, entdeckt man an der kleinen Skafaki-Bucht ansehnliche Überreste der antiken Stadtmauer von Piräus samt Grundmauern einiger Wehrtürme. Hier gehen die Einheimischen gern schwimmen, denen der kurze Sandstrand zwischen Zea Marina und Mikrolimano im Sommer zu voll ist.

AUSFLUG ZUR INSEL ÄGINA

Fast stündlich nehmen Fähren und schnelle Tragflügelboote vom Haupthafen Kantharos Kurs zur Insel Ägina. Sie brauchen dafür nur 30 bis 90 Minuten. Trotz seiner Nähe zu Athen ist Ägina recht ländlich geblieben, es strahlt typische Inselatmosphäre aus. Auf der Hafenmole begrüßt eine kleine, weiß gekalkte Kapelle des heiligen Nikolaus, der ja der Schutzheilige der Fischer und Seefahrer ist,

Obwohl es so nah an Athen liegt, hat sich Ägina sein typisches Inselflair erhalten.

Hier läuft das Leben noch im traditionellen, gemächlichen Tempo, sind die Tavernen schlicht und urig.

die Ankommenden. Im Hafenbecken ankern fast nur Fischerboote, entlang des Kais liegen vor der Markthalle traditionelle Fracht-Kaikis, von denen aus Händler vom Peloponnes frisches Obst und Gemüse feilbieten. Am Hafenplatz locken Pferdedroschken romantisch veranlagte Besucher zu einer kleinen Stadtrundfahrt. An einem Kiosk der Landwirtschaftskooperative kann man das wichtigste landwirtschaftliche Erzeugnis der Insel erstehen: Pistazien. Der Pistazienanbau wurde erst 1860 auf Ägina eingeführt; heute gedeihen hier über 40 000 Bäume. Zwischen Mitte August und Mitte September werden auf der kleinen Insel immerhin drei Prozent der Weltproduktion dieser Nüsse geerntet und bescheren den Bauern unter den 13 500 Insulanern ein gutes Einkommen.

In der Antike lebte Ägina vor allem vom Handel. Im siebten und sechsten vorchristlichen Jahrhundert übertraf es an Wohlstand und Macht gar das nahe Athen. Hier wurden gegen Ende des siebten Jahrhunderts sogar erstmals in Griechenland Münzen geprägt. Um 500 v. Chr. investierten die Ägineten einen Teil ihrer Reichtümer in den Bau des prächtigen Aphaia-Tempels auf einem grünen Hügel hoch oberhalb der Ägäis, der heute noch recht gut erhalten ist. 23 seiner einst 32 dorischen Säulen stehen noch aufrecht – sie tragen Teile des Dachgebälks. Seine Giebelskulpturen fehlen allerdings: Der bayerische Kronprinz Ludwig kaufte sie 1811 und ließ sie nach München bringen. Dort bereichern sie heute noch die Glyptothek.

Von Piräus zum Kap Sounio

Ägina gehört wie die anderen Inseln im Saronischen Golf zu Attika, der historischen Landschaft rund um Athen. Im Westen reicht sie fast bis an den Kanal von Korinth heran, im Norden grenzt sie an Böotien. Im Süden ragt sie als fruchtbare Halbinsel weit in die Ägäis hinein. Diese Halbinsel ist dicht besiedelt, sie trägt zudem den Athener Großflughafen und die weitläufige Reitsportanlage von Markopoulo mitsamt Pferderennbahn. Entlang ihrer Küsten reiht sich Neubausiedlung an Neubausiedlung; viele Athener besitzen hier Ferienhäuser und -wohnungen. So ist denn auch eine Fahrt entlang der so genannten »Attischen Riviera« von Piräus zum Kap Sounio kein ungetrübtes Erlebnis mehr – schön ist meist nur der Blick auf den Saronischen Golf – und das Ziel, den wunderschönen Poseidon-Tempel auf dem Kap.

Von Piräus geht es zunächst etliche Kilometer an den vielen neuen Sportstätten, Yachthäfen und Uferpromenaden entlang, die speziell für die Olympischen Spiele 2004 geschaffen wurden. Kurz hinter Vouliagmeni mit seinem schönen Strandbad liegt dann links ein erlebenswerter See: der Limni Vouliagmenis. Sein von Thermalquellen gespeistes Wasser ist das ganze Jahr über um die 20 Grad Celsius warm. Zwischen seinen niedrigen, felsigen Ufern fühlt man sich fast wie einem winzigen norwegischen Fjord. In einem angeschlossenen Kurhaus kann man auch Wannenbäder nehmen und sich massieren lassen.

Den Poseidon-Tempel am Kap Sounio besuchte einst der Dichter Lord Byron.

70 Kilometer nach dem Start in Piräus ist die Südspitze Attikas erreicht. Um 445 v. Chr. erbauten die Athener auf dem 60 Meter hohen Kap einen wunderbar zierlichen Tempel, den sie dem Meeresgott Poseidon weihten. Die Mannschaften der in die Ägäis auslaufenden Schiffe konnten dem Gott hier ein letztes Opfer bringen, Heimkehrende sich für eine glückliche Reise bedanken. Viele seiner Säulen stehen noch aufrecht, in eine ritzte im frühen 19. Jahrhundert der englische Dichter Lord Byron seinen Namenszug ein.

Heute kommt man vor allem zur Zeit des Sonnenuntergangs zum Heiligtum, denn er ist von hier aus betrachtet besonders schön.

Vom Kap Sounio bis nach Euböa

Die Gelder für den Bau des Tempels stammten aus einer der wichtigsten Einnahmequellen des antiken Athen, dem Silberbergbau. Silberminen und Erzwaschanlagen sind noch

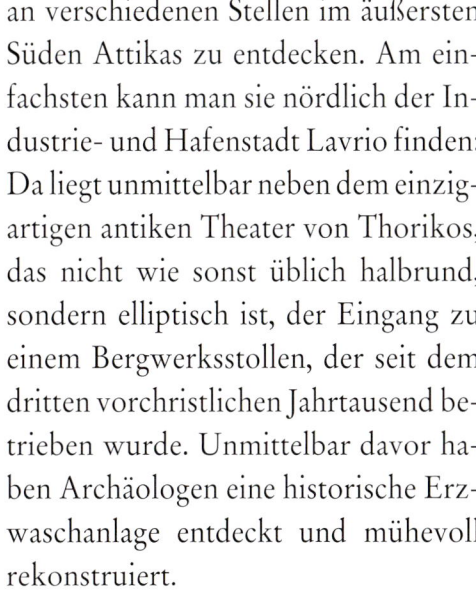

In der Tropfsteinhöhle Peania zeigt sich, dass Attika auch »unterirdisch schön« ist.

an verschiedenen Stellen im äußersten Süden Attikas zu entdecken. Am einfachsten kann man sie nördlich der Industrie- und Hafenstadt Lavrio finden: Da liegt unmittelbar neben dem einzigartigen antiken Theater von Thorikos, das nicht wie sonst üblich halbrund, sondern elliptisch ist, der Eingang zu einem Bergwerksstollen, der seit dem dritten vorchristlichen Jahrtausend betrieben wurde. Unmittelbar davor haben Archäologen eine historische Erzwaschanlage entdeckt und mühevoll rekonstruiert.

Vorbei an Brauron, einem antiken Heiligtum der Artemis, der jungfräulichen Göttin der Jagd, geht die Fahrt nun nahe der Ostküste weiter bis zum berühmten Marathon, wo die Athener 490 v. Chr. ihren ersten großen Sieg gegen die Perser errungen hatten. Zwei Grabhügel für die gefallenen Griechen sind noch zu sehen – und ein kleines, modernes Stadion, in dem alljährlich im Herbst ein Marathonlauf über die angebliche Originalstrecke bis zum Panathenäischen Stadion in Athen gestartet wird.

Fast während der gesamten Fahrt entlang der attischen Ostküste war am anderen Ufer der Ägäis Land zu sehen: das von den Griechen Evia genannte Euböa, Griechenlands zweitgrößte Insel. Weil sie über zwei Brücken mit dem Festland verbunden ist, betrach-

ten die meisten ausländischen Reisenden sie nicht als Insel. Das ist schade, denn sie hat dem motorisierten Urlauber viel zu bieten: die schweizerischen Ausgrabungen der antiken Stadt Eritrea, Kreuzritterburgen und lange Strände, eines der modernsten Thermalbäder Griechenlands in Loutra Edipsou, das viel besuchte Wallfahrtskloster Agios Ioannou tou Roussou – und mit dem Evripos-Kanal in der Stadt Chalkis eine Meerenge, die der Erzählung nach den Philosophen Aristoteles in den Freitod trieb. Er konnte sich nicht erklären, warum das Wasser in ihr zwischen vier- und zwanzigmal täglich die Strömungsrichtung ändert, und nahm sich 332 v. Chr. durch einen Sprung in den Kanal das Leben. Eine Erklärung für diese Naturerscheinung ist bis heute nicht gefunden.

39

Peloponnes

Der Peloponnes beherbergt viele bedeutende antike Stätten. Endlose Strände säumen die Westküste, hier gedeihen Orangen und Zitronen. Eine Zahnradbahn windet sich durch wilde Schluchten: Entdeckungsfreudige Besucher kommen hier voll auf ihre Kosten.

Eine Stunde dauert die Fahrt mit der Zahnradbahn von Diakopto am Korinthischen Golf bis hinauf nach Kalavryta am Chelmos-Gebirge.

Im Land der Mythen und Legenden

Seine Bewohner haben den Peloponnes 1893 zur Insel gemacht. Bis zur Fertigstellung des Kanals von Korinth in jenem Jahr war die gewaltige Landmasse, die zweieinhalbmal so groß wie Kreta ist, noch über eine sechs Kilometer lange, felsige Landenge mit dem Festland verbunden. Doch seither durchschneidet sie der künstliche Wasserweg. An der Oberfläche ist er 24 Meter breit, auf seinem acht Meter tiefen Grund sogar 21 Meter. Zwei Straßen- und eine Eisenbahnbrücke überspannen den Kanal, die steilen Felswände an seinen Seiten überragen den Meeresspiegel um bis zu 76 Meter. Er erspart Schiffen auf dem Weg von der Ägäis zur Adria eine ganze Tagesreise – und schenkt zahlreichen Kreuzfahrturlaubern während der Durchfahrt eine äußerst erlebnisreiche Stunde.

In Tiryns sind die monumentalen Bauwerke aus mykenischer Zeit zu besichtigen.

Natürlicher Reichtum

Der Peloponnes gehört zu den fruchtbarsten Gebieten Griechenlands. Für gute Weine sind vor allem seine nördlichen Landschaften Achaia und Korinthia bekannt. In der Argolis im Südosten und in der lakonischen Ebene um Sparta werden große Mengen Orangen und Zitronen, Mandarinen und Clementinen angebaut, Lakonien und das im Südwesten gelegene Messenien produzieren einige der besten Olivenöle von Hellas. In der Elis im Nordwesten, der historischen Landschaft um Olympia, gedeihen Getreide und Unmengen von Tomaten – und überall in den höheren Lagen wachsen Nüsse und Obst. Das im Zentrum des Peloponnes gelegene Arkadien ist die Heimat großer Schaf- und Ziegenherden, die nicht nur Fleisch und Felle, sondern vor allem auch Käse und Yoghurt liefern.

Fast alles, was Griechenlands landschaftliche Vielfalt und Schönheit ausmacht, ist auch auf dem Peloponnes zu finden: Seine vielen Gebirgszüge erreichen im Chelmos im Norden 2341 Meter und im Taigettos-Gebirge im Süden gar 2404 Meter Höhe. Bis in den Mai hinein sind sie meist schneebedeckt und bieten sogar Wintersportmöglichkeiten. In den Bergen entspringen zahlreiche Flüsse, die das ganze Jahr über Wasser führen. Mehrere von ihnen werden in Stauseen aufgefangen, so dass weite Teile der Ebenen künstlich bewässert werden können. Tiefe Schluchten schneiden sich durch die Berge manchmal bis fast ans Meer heran. Einige werden von alten Hirten-

Nahe Mykene: Eine alte Hirtin hütet ihre Herde – Schafe und Ziegen liefern Fleisch, Wolle, Häute und Milch.

pfaden und neu angelegten Feldwegen durchzogen, die zum genüsslichen Wandern einladen.

Sogar unter der Erde hat der Peloponnes noch Naturschönheiten von Weltrang zu bieten. Durch die Tropfsteinhöhle von Pyrgos Dirou auf der Halbinsel Mani fließt ein Fluss, auf dem Bootsleute Besucher durch die Unterwelt steuern. In der Tropfsteinhöhle Spileo ton Limnon wandert man an kleinen Seen entlang, die durch Wasserfälle über weißen Sinterterrassen miteinander verbunden sind. Selbst eine Lavawüste ist auf dem Peloponnes zu finden: Auf der Halbinsel Methana glaubt man sich in ein mediterranes Island versetzt.

Die Küstenlinie der vierfingrigen Halbinsel entlang der Ägäis, dem Ionischen Meer und dem Korinthischen Golf ist 1280 Kilometer lang – da

gibt es Küstenszenerien für jeden Geschmack. Mal ragen steile, unwirtliche Felswände aus dem Meer, die nicht einmal Platz für winzige Häfen bieten. Dann wieder säumen viele Kilometer lange Sandstrände die Ufer, hinter denen wie an der Nordsee Dünen aufsteigen. Feine Kiesstrände sind ebenso zu finden wie Strandstreifen aus kindskopfgroßen Steinen. Jeder Urlauber kann hier nach seiner Façon selig werden: bei Robinsonaden an einsamen Buchten oder an Strandabschnitten, die aus Beach Bars mit der aktuellen Musik beschallt werden. Selbst der Ausblick ist frei wählbar – mal schweift das Auge über das offene, scheinbar endlose Meer; an anderen Stellen steigt gleich gegenüber das griechische Festland, eine Halbinsel oder eine Insel aus den Wellen auf, die Lust machen auf weitere Entdeckungen.

URLAUB AUF DEM PELOPONNES

Ein Urlaub auf dem Peloponnes ist fast immer ein Urlaub in ländlicher Umgebung, schließlich leben noch fast zwei Drittel aller Peloponnesier auf dem Land. Die einzige Großstadt in dieser Region ist Patras, das mit 160 000 Einwohnern nach Athen, Piräus und Thessaloniki schon Griechenlands viertgrößte Stadt ist. Patras ist auch der bedeutendste Fährhafen des Landes. Etwas städtische Atmosphäre herrscht noch in Kalamata und Korinth, ansonsten kann bestenfalls von ruhigen Landstädtchen die Rede sein. Da spielt sich das Leben vor allem vormittags ab, wenn die Bauern aus der Umgebung mit ihren japanischen Pick-ups, jenen in Deutschland kaum

Vom Hafen Patras aus – links einige Impressionen – gelangt man schnell in idyllische Dörfer und grüne Oasen wie das Lousios-Tal (großes Bild).

bekannten offenen Kleintransportern, kommen. Nach dem Einkaufen lässt man sich auf einen heißen Mokka in den vielen Kaffeehäusern nieder, die auf dem Peloponnes markantes Kennzeichen jedes Ortszentrums sind. Abends beherrschen die Szene dann eher die Mopeds und Motorräder der Jugend, die sich in betont cool eingerichteten Café-Bars beim Trendgetränk trifft, einem »neskafé frappé« genannten kalten Instant-Kaffee. Er scheint zu beflügeln: Fast jeder Mopedfahrer zieht beim lautstarken Start das Vorderrad hoch in die Luft.

Ruhe herrscht hingegen in den meisten Dörfern des Peloponnes, die man selbst noch in über 1000 Metern Höhe findet. Zwei- und dreigeschossige Natursteinhäuser ziehen sich wie in Langada über hunderte von Höhenmetern einen Hang hinauf oder auch wie in

Dimitsana lang gestreckt über einen Bergkamm. Eine weltweit einzigartige Besonderheit stellen die Ortschaften auf der Halbinsel Mani dar. Dort wohnten die Menschen aus Angst vor der Blutrache feindlicher Familien noch zu Beginn des 20. Jahrhunderts in nahezu fensterlosen, zinnenbekrönten Wohntürmen, aus denen ganze Dörfer gebildet sind. Manchmal stehen diese direkt am Meer, dann wieder wie mittelalterliche Burgen auf Bergkuppen oder Felsgraten.

Die in ganz Europa nach dem Zweiten Weltkrieg verzeichnete Landflucht hat natürlich auch den Peloponnes geprägt. Seine Bevölkerungszahl reduzierte sich zwischen 1950 und 1990 um etwa die Hälfte von zwei auf eine Million Bewohner. Erst in den 1990er-Jahren kam es zur Trendwende, seither nimmt die Bewohnerzahl wieder zu.

Ein Grund für die neue Entwicklung sind der gewachsene Wohlstand und die traditionelle Heimatverbundenheit der meisten Griechen. Auch wenn sie anderswo in Griechenland oder – wie heute noch über drei Millionen Griechen – irgendwo anders auf der Welt ihr Geld verdienen, träumen sie von einem Lebensabend oder zumindest einem Zweitwohnsitz in ihrem Heimatdorf. So sieht man gerade in kleinen Dörfern und ländlichen Regionen viele stattliche neue oder aufwändig restaurierte alte Häuser, die häufig nur an den Wochenenden und während der Ferien bewohnt sind. Nicht immer werden diese neuen Häuser in einem Zug fertig gestellt. Die Zahl unvollendeter Neubauten ist für unsere Augen ungewöhnlich groß. Das liegt vor allem am mangelnden Vertrauen vieler Griechen in die Banken – statt ihre Er-

Auf der Halbinsel Mani gleichen die Dörfer – wie hier Kokkala – Trutzburgen, die ganz auf die Verteidigung gegen äußere und innere Feinde ausgerichtet waren.

sparnisse dort zu deponieren, beginnen sie lieber schon einmal zu bauen. Wenn das Geld knapp wird, ist Baustopp, bis die Kasse wieder gefüllt ist. Trotz des neuerlichen Bevölkerungszuwachses bleibt der Peloponnes extrem dünn besiedelt. Nicht einmal 50 Menschen leben hier pro Quadratkilometer, während es beispielsweise in Deutschland 230, in der Schweiz 173 und in Österreich immerhin noch 97 sind. Auch vom Tourismus bekommt der Peloponnes nur einen verhältnismäßig kleinen Teil ab. Die meisten Reisenden, die hier Urlaub machen, sind Griechen. Dafür gibt es vor allem zwei Gründe: Die beiden einzigen Flughäfen des Peloponnes, die auch zivil genutzt werden dürfen, sind eigentlich Militärflughäfen. Ihre Terminals platzen aus allen Nähten, wenn mehr als zwei Passagiermaschinen gleichzeitig abgefertigt werden. Die Entfernungen auf dem Peloponnes sind groß, die Transferzeiten entsprechend lang. Außerdem gibt es kaum Großhotels, wie die Reiseveranstalter sie brauchen, um wirtschaftlich arbeiten zu können.

Romantisch ist die Altstadt Nauplias.

Der Flugpauschaltourismus konzentriert sich auf den äußersten Nordwesten um den Flughafen von Araxos und auf die Gegend um Porto Heli, das über Athen erreichbar ist. Kalamata, Zielflughafen für die Mani, wird wöchentlich von gerade drei Chartermaschinen aus Deutschland angeflogen – da kann von Massentourismus keine Rede sein.

So kommen denn auch weitaus mehr Urlauber mit dem Wohnmobil oder dem Auto auf den Peloponnes als mit dem Flugzeug. Patras ist ja für Fährpassagiere sowieso das Einfalltor nach Hellas schlechthin. Campingplätze gibt es in großer Zahl, Zimmer auch nur für eine Nacht findet man selbst in

Die Palamidi-Burg überragt Nauplia.

entlegenen Bergdörfern. Ein Fahrzeug braucht man ohnehin, wenn man den Peloponnes richtig kennenlernen will. Immerhin ist er bis zu 250 Kilometer lang und breit. Da fährt man leicht zwei- bis dreitausend Kilometer in 14 Tagen, wenn man möglichst viel sehen und kennen lernen will. Und das gilt vor allem dann, wenn man auch Interesse an der Geschichte, an Museen und archäologischen Stätten hat.

Schließlich ist der Peloponnes ja die hellenische Landschaft, in der sich

Griechenlands erste Hochkultur herausgebildet hat: die mykenische Kultur. Hier stehen die sagenumwobenen Burgen von Mykene und Tiryns sowie der Palast des greisen Königs Nestor, von denen aus zwischen dem 16. und 13. vorchristlichen Jahrhundert die ägäische Welt beherrscht wurde. Hier fanden spätestens 776 v. Chr. erstmals Olympische Spiele statt. In der Mitte des Peloponnes liegt das viel geschmähte Sparta, während der klassischen Antike Hauptwidersacher des demokratischen Athen, im äußersten Nordosten die Hafenstadt Korinth, in welcher der Apostel Paulus die bedeutendste frühchristliche Gemeinde Europas gründete. Von all diesen bedeutenden antiken Orten sind noch ansehnliche Überreste geblieben, die im Rahmen jeder »Klassischen Rundfahrt« auf dem Programm stehen und dementsprechend viel besucht sind.

Daneben gibt es aber noch zahllose weitere Ausgrabungen und Ruinen, vor denen fast nie ein Reisebus hält, in denen der neugierige Besucher mit sich und der Geschichte ganz allein ist. Das arkadische Orchomenos oder der Sommerpalast des Herodes Atticus bei Astrous Paralia sind Beispiele dafür. Auch die letzten beiden Jahrtausende haben viele Spuren hinterlassen, die weltberühmte Ruinenstadt Mystras zum Beispiel oder Dutzende venezianischer Burgen rund um die Küsten des Peloponnes. Tausende mittelalterlicher Kapellen mit Resten herrlicher Wandmalereien wollen besucht werden. Oder Nauplia mit seinen historischen, marmorgepflasterten Gassen, das im 19. Jahrhundert die erste Hauptstadt des von der Türkenherrschaft befreiten Griechenland war.

DER WESTEN: KORINTHIA UND ARGOLIS

Nauplia, 13 800 Einwohner zählendes Verwaltungszentrum der Argolis, ist die schönste Stadt im Westen des Peloponnes, eine Art »griechisches Rothenburg ob der Tauber«. Zwei gewaltige türkisch-venezianische Burgen überragen die alten Ziegeldächer der Altstadt mit ihren beiden Moscheen und der venezianischen Kaserne am Verfassungsplatz, die heute als Archäologisches Museum dient. Eine dritte kleine Festung liegt dicht vor der Uferpromenade auf einem winzigen Inselchen, sie beschützte einst die Hafeneinfahrt. Wegen seiner Nähe zu Athen ist Nauplia auch im Winter ein beliebtes Wochenendziel der Hauptstädter, so dass sich entlang der historischen Gassen nicht nur zahlreiche Tavernen, sondern auch Antiquitätenhandlungen und Kunsthandwerker vom Goldschmied bis zum Figurenbauer fürs Schattenspiel niedergelassen haben.

Korinth hingegen, mit 29 800 Bewohnern Hauptstadt der Provinz Korinthia, lohnt den Besuch kaum. Schwere Erdbeben in den Jahren 1858 und 1928 haben jegliche alte Bausubstanz vernichtet, einzig die Lage am nach ihr benannten Golf ist schön. Die Ruinen des antiken Korinth liegen ohnehin außerhalb im heutigen Dorf Archea Korinthos. Es wird vom markant aus der Küstenebene 575 Meter hoch

Der Apollon-Tempel in Archea Korinthos ist ein architektonisches Meisterwerk. Jede Säule ist monolithisch, also aus einem Stück gearbeitet.

Höhepunkte auf dem Peloponnes: Kanal von Korinth, Gräberkreis in Mykene, das antike Sparta, ein römisches Mosaik in Korinth, die Festung Bourtzi vor Nauplia und die ländliche Idylle

aufsteigenden Fels Akrokorinth überragt, dessen Gipfel die Mauern und Zinnen einer ausgedehnten Burganlage umringen. Ihre ältesten Quader stammen noch aus der Antike.

Die archäologischen Highlights der Region sind Mykene, Tiryns und Epi-

dauros. Mykene, wo der Mecklenburger Heinrich Schliemann bei seinen Grabungen 1874 bis 1876 einen 14 Kilogramm schweren Goldschatz aus dem zweiten vorchristlichen Jahrtausend fand, beeindruckt durch die architektonische Vollkommenheit seiner Kuppelgräber und die Wucht seiner Festungsmauern. Die sind in Tiryns noch gewaltiger, ihre Stärke schwankt auf 725 Metern Länge zwischen 4 und 17 Metern.

Ganz im Gegensatz dazu wirkt das in herrlich grünen Wald eingebettete Heiligtum von Epidauros heiter und fröhlich. Hier, wo in der klassischen und in der römischen Antike Pilger Heilung von den verschiedensten Krankheiten suchten, werden in einem der schönsten griechischen Theater noch heute an jedem Sommerwochenende antike Dramen aufgeführt – ein unvergessliches Erlebnis, das man sich nicht entgehen lassen sollte!

Auch kurze Abstecher zu kleinen Inseln sind von der Argolis aus möglich. Poros liegt nur 250 Meter vor der Küste, kleine Boote pendeln bei Tag und Nacht zwischen dem Städtchen Galatas und dem Eiland hin und her. Das grüne Spetses mit seinen repräsentativen Kapitänsvillen aus dem 18. und frühen 19. Jahrundert erreicht man schnell von Kostas aus, das beim internationalen Jet-Set so beliebte Hydra steuert eine Fähre von Ermioni aus an.

DIE MITTE: ARKADIEN UND LAKONIEN

Sparta, die Hauptstadt Lakoniens, ist heute noch in aller Munde: Wer bewusst ganz einfach lebt, lebt spartanisch, wer nur knapp antwortet, antwortet lakonisch. Aus den Geschichtsbüchern wissen wir von der strengen spartanischen Erziehung, welche die Kinder erdulden mussten, von der Blutsuppe als spartanischem Nationalgericht. Wer im lauschig bewaldeten Ausgrabungsgelände der antiken Stadt steht, mag die Schauergeschichten kaum glauben, so lieblich ist die Umgebung. Die meist weißen Häuser der modernen Stadt sind in Oliven- und Orangenhaine eingebettet, hinter der weiten Ebene steigen unvermittelt steil die über 2000 Meter hohen Wände des Taigettos-Gebirges auf.

Vom antiken Sparta sind nur ein paar überwiegend römische Grundmauern geblieben. Vom nur sechs Kilometer entfernten Mystras aber, das im vergangenen Jahrtausend an die Stelle Spartas trat, sind zahlreiche Kirchen und Klöster nahezu unversehrt erhalten. Der Palast des byzantinischen Fürsten von Mystras wird gerade wieder aufgebaut. Mittelalterliche Mauern umgeben diese bedeutendste byzantinische Stadt Südgriechenlands, die sogar in Goethes Faust Eingang fand. Sie zu durchstreifen, ist ein schweißtreibendes Erlebnis, denn ihre erhaltenen Sehenswürdigkeiten liegen über mehrere hundert Höhenmeter verstreut an einem völlig schattenlos Vorberg des Taigettos-Massivs.

Im Herzen einer großen Hochebene breitet sich hingegen Tripoli aus, das Zentrum der von Dichtern und Sängern viel zitierten Landschaft Arkadien. Die Schäferdichtung der europäischen Literatur hat von ihr geschwärmt, auch moderne Schlager besingen sie. Hirten durchstreifen sie immer noch mit ihren Herden – die

Natur ist auch ihr touristischer Trumpf. Am schönsten erlebt man sie vielleicht im Lousios-Tal zwischen Dimitsana und Stemnitsa, das von einem Netz gut markierter Wanderwege durchzogen wird. Sie führen zu einem einzigartigen Freilichtmuseum, zu den idyllisch gelegenen Überresten eines antiken Kurortes und zu einem der außergewöhnlichsten Klöster Griechenlands, Agios Ioannis Prodromou. Die fünfgeschossigen Gebäude dieses über 500 Jahre alten Männerkonvents scheinen unter einem überhängenden Fels direkt an der Felswand zu kleben. Auf langen, nur mit viel Gottvertrauen zu betretenden Holzbalkonen hängt Wäsche zum Trocknen, Wasser rauscht, Vögel konzertieren. In der höhlenartigen Klosterkapelle sind verrußte Fresken aus dem 14. bis 16. Jahrhundert zu sehen; Gäste werden von den Mönchen mit heißem Mokka und kühlem Quellwasser bewirtet.

Im Frühjahr bilden die bunten Wildblumen dichte Teppiche auf den Wiesen und in den Olivenhainen.

DER WESTEN: MESSENIEN, ELIS UND ACHAIA

Der Westen des Peloponnes wartet mit zahlreichen Stränden auf, von denen bisher nur wenige touristisch verbaut sind. Am Ausgang des Golfs von Patras bilden die Strände von Kato Achaia den Auftakt. Bei Niforeiko ziehen sie sich schmal unterhalb einer niedrigen Steilküste entlang. Einen ersten Höhepunkt bildet der über 16 Kilometer lange Sandstrand von Kalogria, den ein breiter Küstenwald aus Schirmpinien, Aleppokiefern und Walloneneichen säumt. Kleine Wasserläufe und Wanderwege durchziehen ihn, im Hinterland weiden Kühe und stehen Reiher am Ufer des flachen Prokopou-Sees. Während hier noch die Natur dominiert, wurden die

von hohen, teilweise bewaldeten Dünen gesäumten Strände von Loutra Kyllinis 2004 durch ein weitläufiges Hotel-Resort touristisch erschlossen, das besonders im Wellness-Bereich neue Maßstäbe setzt.

Ganz im Süden ist die Bucht von Finikounda mit ihren breiten Sandstränden ein Eldorado für Windsurfer. Vielfältige Erlebnisse bieten sich dem Reisenden, der nördlich von Pylos in Gialova Urlaub macht. Da zieht sich ein langes Sandband sichelförmig um die Voidokilia-Bucht, die nur durch einen schmalen Felsdurchlass mit dem offenen Meer verbunden ist. Ein hoher Dünenstreifen trennt sie von der Osman-Aga-Lagune mit ihrer reichen Vogel- und Reptilienwelt und von der geschichtsträchtigen Bucht von Navarino. Hier lädt der »Golden Beach« zum Sonnenbad ein. Zwischen beiden Buchten erhebt sich direkt am Meer ein

hoher Fels mit einer mittelalterlichen Burg, am anderen Ende der Bucht liegt das Städtchen Pylos mit einer türkischen Festung. Von dort aus mussten die osmanischen Truppen 1827 ansehen, wie eine kleine französisch-britisch-russische Flotte 91 ihrer Schiffe versenkte und damit entscheidend zum griechischen Sieg im Freiheitskampf gegen die Türken beitrug.

Burgen sind grundsätzlich ein charakteristisches Merkmal des westlichen Peloponnes. Im äußersten Südwesten sicherten die Festungen von Koroni und Methoni den venezianischen Schifffahrtsweg aus der Ägäis in die Serenissima. Noch viel älter ist die sechseckige Burg von Kastro nahe Loutra Kyllinis, die Kreuzritter im 13. Jahrhundert erbauen ließen. Sie schützte den gesamten Nordwesten des Peloponnes, in dem dicht bei Kastro auch die Stadt Andravida liegt. Sie

Eine der schönsten Badebuchten Griechenlands ist die Bucht von Navarino mit Gialova.

war vom 13. bis 15. Jahrhundert Residenz der französischen Herzöge, die Teile der Halbinsel beherrschten und stets imKampf mit den byzantinischen Fürsten von Mystras standen.

Nur eine gute Stunde Fahrt von Kastro entfernt liegt der wohl berühmteste Ort des ganzen Peloponnes: Olympia. Das heutige Dorf lebt nahezu vollständig vom Tourismus, ist aber dennoch ein recht ruhiger Ort. Besonders reizvoll ist die landschaftliche Umgebung des Dorfes: Es ist ringsum von lieblich-

Koroni ist ein traditionelles Dorf ...

grünen, niedrigen Hügeln umgeben, nahe den Ausgrabungen fließen die Flüsse Kladeos und Alpheos zusammen. Sie und ein kleiner Stausee machen das Land fruchtbar.

Diese liebliche Landschaft, die Ruhe und Frieden ausstrahlt, war vielleicht mit ein Grund, warum sich gerade an diesem Ort die Olympischen Spiele zum gesamtgriechischen Großereignis entwickeln konnten. Seit 776 v. Chr. wurden bis zum Ende der heidnischen Zeit 393 n. Chr. Siegerlisten geführt;

die Spiele sind also bestens dokumentiert. Anfangs gab es nur einen einzigen Wettbewerb, den Stadionlauf über etwa 180 Meter. Der Wettkampf fand im noch immer gut erhaltenen Stadion

... mit schönen Details ...

statt – 2004 Austragungsort der Wettbewerbe im Kugelstoßen. Im Laufe der Antike kamen immer mehr Disziplinen bis hin zum Wagenrennen hinzu. Nie geriet der Sport zum Selbstzweck,

immer waren die Spiele dem höchsten griechischen Gott Zeus geweiht. Sein Tempel und der seiner Göttergattin Hera waren denn auch die wichtigsten Kultstätten im gesamten Heiligtum.

Ebenfalls nur eine Stunde Fahrt von Kastro entfernt liegt Patras, Griechenlands bedeutendste Hafenstadt für den Fährverkehr mit Italien – und Karnevalshochburg des Landes. Ganz in der Nähe verbindet bei Rio ab dem Winter 2004/2005 eine über drei Kilometer lange Brücke den Peloponnes mit Mit-

... und idyllischen Straßenzügen.

telgriechenland. Noch weiter östlich gibte es in Diakofto eine einzigartige Ausflugsmöglichkeit: Eine einstündige Fahrt mit der Zahnradbahn durch die wilde Vouraikos-Schlucht hinauf ins Bergstädtchen Kalavryta verspricht tolle Ausblicke. Dort oben steht man im Kloster Agia Lavra am Ursprungsort des neugriechischen Staates. Hier rief am 25. März 1821 Erzbischof Germanos von Patras die Hellenen zum Kampf gegen die Türken auf, der ihnen 1829 die lang ersehnte Freiheit brachte.

Mittelgriechenland, Thessalien und Epirus

Berg- und Naturfreunde lieben die Mitte und den Nordwesten Griechenlands. Das sehenswerte Delphi und die Meteora-Klöster sowie die Dörfer der Zagora und des Pilion lohnen auf jeden Fall einen Besuch.

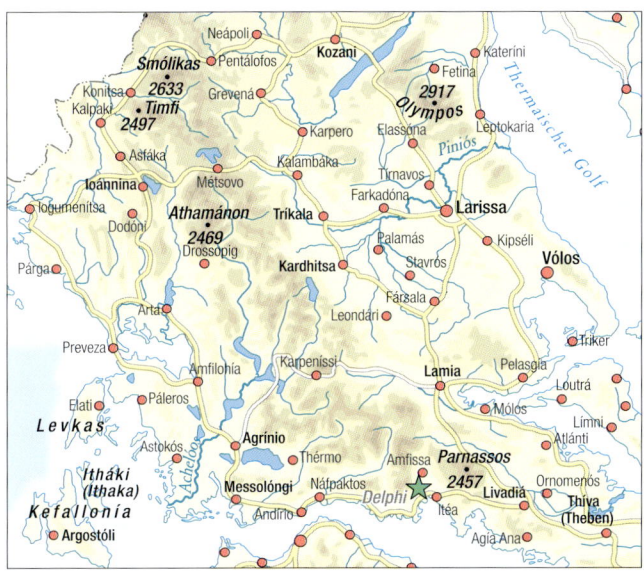

Die Meteora-Felsen bieten einen tollen Anblick.

WILDE BERGWELTEN, REICHE NATUR

Vom berühmen Orakel-Heiligtum in Delphi nahe dem Korinthischen Golf zur albanisch-griechischen Grenze in Epirus muss ein Adler 260 Kilometer fliegen. Von dem Fischerdorf Astakos am Ionischen Meer und dem weitläufigen alten Pilion-Dorf von Tsangarada hoch über der Ägäis ist eine Möwe 220 Kilometer unterwegs. Menschen brauchen für diese recht gering erscheinenden Entfernungen viel länger, denn immer wieder gilt es hier, raue Bergwelten zu durchkreuzen, Passhöhen kurvenreich zu überwinden oder den vielfachen Krümmungen der Uferlinien zu folgen.

Das mittlere Griechenland ist eine ungeheuer vielfältige, sehr uneinheitliche Region. Über den Gipfeln und Schluchten des bis zu 2497 Meter hohen Pindos-Gebirges kreisen tatsächlich noch Steinadler und Gänsegeier. An den Ufern des Ambrakischen Golfes sind Krauskopfpelikane zu Hause,

Natur pur in Hellas: ein Storchennest bei Arta (links), ein fruchtbares Hochtal bei Kalydon (oben).

am Golf von Mesolongi ist der farbenprächtige Eisvogel häufig zu sehen. Storchennester sind in der weiten Ebene Thessaliens und insbesondere im Epirus zwischen Ioannina und Arta ein alltäglicher Anblick, selbst Braunbären und Wölfe leben im Epirus noch in freier Wildbahn.

In der griechischen Antike spielte diese schwer zugängliche, abseits der großen städtischen Zentren wie Athen, Korinth und Sparta gelegene Landschaft nur eine Nebenrolle. Geheimnisumwittert waren ihre berühmten Orakel-Heiligtümer, allen voran das prächtige Heiligtum des Apoll in Delphi. In Dodoni im Epirus interpretier-

ten die Priester aus dem Rauschen der Eichenblätter den Willen von Göttervater Zeus – und im Nekromanteion im Acherondas-Tal konnten die Lebenden sogar Kontakt mit den Schatten der Toten aufnehmen. Für die griechische Mythologie war die bewaldete Pilion-Halbinsel bedeutsam. Hier hausten die Kentauren: wilde Mischwesen mit menschlichem Oberkörper und Pferdeleib. Sie zogen den Heilgott Äskulap, den homerischen Helden Achilles und den späteren Athenischen König Theseus auf. Auch Jason, der später von Volos aus mit seinen Argonauten zur Eroberung des Goldenes Vlieses aufbrach, war ihr Ziehkind.

Weitaus zahlreicher als antike Monumente sind im mittleren Griechenland Zeugnisse aus dem Mittelalter, der Ära der Türkenherrschaft und den Anfangsjahren des befreiten Griechenland. Weltberühmt sind die Meteora-Klöster auf ihren steilen Felsnadeln und -klötzen über dem thessalischen Pinios-Tal. Einzigartige Dorfensemble aus einst reichen Kaufmanns- und Handelsregionen sind in der Zagora nördlich von Ioannina und auf der Pilion-Halbinsel erhalten – über den Mauern der Altstadt von Ioannina ragen noch schlanke Minarette in den Himmel und spiegeln sich im stillen Wasser eines großen Sees.

DIE ORAKEL-TOUR VON DELPHI BIS DODONI

D ie meistbesuchte archäologische Stätte ganz Mittelgriechenlands ist unangefochten das antike Apollon-Heiligtum von Delphi. Es dehnt sich über 300 Höhenmeter an einem steilen Hang aus, der den Blick auf ein Gesamtbild griechischer Landschaft ermöglicht. Meer und Berge, fruchtbare Ebene und kahler Fels fügen sich hier zu einer Symphonie zusammen, die nahezu jeden Besucher überwältigt. Archäologen legten seit 1838 Meisterwerke antiker Baukunst frei – wie den teilrekonstruierten Rundtempel der Göttin Athena und das komplett restaurierte Schatzhaus der Athener. Die Forscher entdeckten ein antikes Theater und ein Stadion hoch oben am Hang und fanden berühmte, heute im Museum von Delphi ausgestellte Skulpturen wie den bronzenen Wagenlenker (um 470 v. Chr.) und den marmornen Jüngling Antinoos (zweites Jahrhundert), den schönen Geliebten des römischen Kaisers Hadrian. Im kultischen Mittelpunkt des Heiligtums, dem prächtigen Tempel Apolls, entdeckten sie die Krypta, in der ein berauschtes Medium die göttlichen Eingebungen von sich gab. Interpretationskundige Priester übersetzten diese in zweideutige Orakelsprüche. So beschieden sie den sagenhaft reichen König Krösus auf seine Frage, ob er einen Krieg mit seinem

Delphi: der Rundtempel der Athene (oben), der Apollo-Tempel (unten) war Sitz des Orakels. Wasser wurde aus dem Gebirge herangeführt (rechts).

Das Totenorakel, das Nekromanteion, liegt auf einer Anhöhe über dem Acherondas-Fluss. Hier konnten die Menschen Kontakt zu den Schatten der Verstorbenen aufnehmen.

Nachbarn beginnen solle, mit der Antwort »Du wirst ein großes Reich zerstören«. Er verstand den Spruch als für sich positiven Bescheid, zog ins Feld und zerstörte tatsächlich ein großes Reich – sein eigenes.

Durch den unendlich scheinenden Olivenwald von Amfissa und vorbei am modernen Hafenstädtchen Itea, in dem die Kreuzfahrtschiffe ihre Delphi-Besucher von Bord schleusen, führt die Fahrt nun fast immer direkt am Ufer des Korinthischen Golfes entlang. Gegenüber steigen die hohen Berge des Peloponnes auf, vor der Küste liegen in stillen Buchten Muschelfarmen. Ein kurzer Abstecher lohnt sich zum auf einer Halbinsel gelegenen Galaxidi, einem schmucken, alten Hafenstädtchen mit stattlichen Kapitänsvillen aus dem 18. und 19. Jahrhundert. »Inselsamm-ler« können bald darauf vom Küstenort Chania aus nach Trizonia übersetzen, einer der unbekanntesten Inseln Griechenlands. Auf dem von nur 150 Menschen bewohnten, 109 Meter hohen und völlig autofreien Inselchen gibt es sogar ein Hotel.

Vor Nafpaktos geht dann der Korinthische Golf in den Golf von Patras über. Die elegante, drei Kilometer lange Brücke, welche die Meerenge vom Winter 2004 an überspannt, ist von hier aus schon zu sehen. Die Venezianer nannten das idyllische Städtchen Lepanto: Von hier lief im Oktober 1571 eine türkische Flotte aus, die weiter draußen vor der Mündung des Acheloos auf einen starken Verband der Heiligen Liga traf. Die darin vereinten Malteserritter, Spanier, Venezianer und Genuesen besiegten hier zum ersten Mal in der Geschichte in einer Seeschlacht das Osmanische Reich. Der mitkämpfende Dichter Cervantes verlor dabei einen Arm. Sein Leben ließ der englische Dichter Lord Byron 1824 im nahen Messolongi. Der leidenschaftliche Philhellene wollte mit dazu beitragen, Griechenland vom türkischen Joch zu befreien. Er starb aber am Sumpffieber, bevor er mitkämpfen konnte.

Hinter Messolongi gabelt sich die Straße gen Norden. Wer schöne Küstenszenerien liebt, fährt über das auf einem Inselchen mitten in einer aalreichen Lagune gelegene Etoliko und über die kleinen Hafenorte Astakos und Mytikas weiter nach Preveza, wo ein 2002 eröffneter Tunnel die Einfahrt zum Ambrakischen Golf unterquert. Liebhaber byzantinischer Baukunst

Vom historischen Hafenstädtchen Nafpaktos schweift der Blick über den Korinthischen Golf zum Peloponnes.

machen den Umweg über Arta, ein Juwel byzantinischer Architektur. Naturliebhaber unternehmen dann auf der Weiterfahrt nach Preveza einen Abstecher nach Koronissia, einem Dorf mit exzellenten Fischtavernen auf einer weit in den Ambrakischen Golf hineinragenden Nehrung.

Preveza ist eine schmucklose kleine Hafenstadt nahe dem römisch-byzantinischen Nikopolis. Oktavian, der spätere Kaiser Augustus, gründete sie 30 v. Chr. zur Erinnerung an seinen ein Jahr zuvor errungenen Sieg über die vereinigten Flotten seines Gegners Antonius und dessen Geliebter, der ägyptischen Pharaonin Cleopatra. Die Seeschlacht hatte vor der Küste von Preveza, dem antiken Actium, stattgefunden. Die Stadtmauer ist auf drei Kilometern in imposanter Höhe erhalten, auch zwei Theater und Reste frühchristlicher Basiliken sind zu sehen.

An kilometerlangen Sandstränden entlang geht die Fahrt nun weiter zum Nekromanteion, dem antiken Toten-Orakel über dem Ufer des weit verzweigten Acherondas-Flusses. Hier lag nach antiker Vorstellung einer der Eingänge zur Unterwelt – darum gibt es gerade hier ein Totenorakel, wie es Homer in seiner Odyssee beschreibt. Die Pilger wurden dabei durch Schwefeldünste in Trance versetzt, verbrannten Opfertiere auf dem Feueraltar und schritten dann euphorisch in einen Saal, der als oberster Raum im Palast des Unterweltgottes Hades galt. Hier sahen sie verschwommene Schatten, die ihnen die Priesterinnen als die angerufenen Toten interpretierten. Die Pilger konnten den Verstorbenen ein letztes Mal eine Frage nach ihrer eigenen Zukunft stellen.

Die Schlucht Vikos Gorge im Epirus bietet dem Besucher unvergessliche Eindrücke.

Impressionen vom Epirus (von oben nach ganz rechts): verfallene türkische Häuser (Ioannina), eine byzantinische Kirche in Arta, das idyllische Küstenstädtchen Parga, eine Moschee in Ioannina und die Ruinen des antiken Zeus-Heiligtums von Dodoni

In Dodoni hingegen konnten sich die Pilger direkt an Göttervater Zeus wenden. Die Fahrt dorthin führt vom Nekromanteion an der idyllischen Festungsstadt Parga mit ihren schönen Stränden und am nicht weniger attraktiven Badeort Syvota vorbei und schließlich um die bedeutende Fährhafenstadt Igoumenitsa herum. Dodoni liegt in einem weiten Tal, am besten erhalten ist das Theater des antiken Heiligtums. Hier ließen sich die Priesterinnen für ihre Weissagungen vom Rauschen einer heiligen Eiche, vom Flug der Tauben und von auf den Boden geworfenen Losen inspirieren.

ALI PASCHA UND DIE 40 DÖRFER

D odoni liegt nur etwa 20 Kilometer südlich von Ioannina, der Hauptstadt der Provinz Epirus. Ihre Altstadt breitet sich auf einer fast quadratisch geformten Halbinsel aus, die 300 Meter weit in den Pamvotis-See ragt. Ihr Wahrzeichen sind zwei schlanke Minarette gut restaurierter Moscheen und die hohen Stadtmauern, von denen aus der Blick über den 23 Quadratkilometer großen Bergsee auf die gegenüberliegenden Gipfel des

über 1800 Meter hohen Mitsikeli-Gebirges fällt. Im Marktviertel unmittelbar westlich der Altstadt herrscht buntes Treiben, die Silberschmiede hier gelten als die besten Vertreter ihrer Zunft in ganz Griechenland. Vom schattigen Seeufer unterhalb der Altstadtmauern fahren den ganzen Tag über kleine Passagierfähren hinüber zum schlicht Nissaki – »Inselchen« – genannten Eiland im See, einem wahren Idyll fernab der Großstadt-Hektik: Seine Ufer sind von dichtem Schilf umstanden, in dem tiefschwarz kalfaterte Holzboote liegen. Durch die Gassen des 800-Seelen-Inseldorfes

fährt kein einziges Auto. Am Anleger drängen sich Tavernen, die die Spezialitäten des Sees feilbieten: Froschschenkel und Karpfen.

Nur ein paar Gehminuten entfernt liegen zu beiden Seiten des Dorfes zwei Klöster. Das eine, Agios Nikolaos aus dem späten 13. Jahrhundert, lockt vor allem Kunstliebhaber. Seine Fresken aus dem 16. Jahrhundert sind ein einzigartiges Zeugnis, wie weit die Renaissance bis in diesen entlegenen Winkel des Balkans hineinstrahlte: Unter die Darstellungen von orthodoxen Heiligen, biblischen Figuren und Höllenstrafen mischen sich hier sieben

Porträts antiker heidnischer Schriftsteller und Philosophen, darunter Plato und Aristoteles.

Das zweite Kloster, Agios Panteleimonas (aus dem 16. Jahrhundert) appelliert an das griechische Herz: In diesem romantischen Bau wurde 1822 der »Löwe von Ioannina«, Ali Pascha, ermordet. Der Vasall des Sultans hatte sich 1788 zum Pascha von Epirus aufgeschwungen und weite Teile des griechischen Festlands und des Peloponnes unter seine Kontrolle gebracht. Er war mit einer Christin verheiratet, die die Stadt Ioannina vor der Zerstörung durch die Truppen des Sultans bewahrte, die Ali getötet hatten. Ihr gilt das Andenken der griechischen Besucher ebenso sehr wie der armen Christin Froschini. Sie war eine Geliebte von Alis Lieblingssohn. Der Vater sah das Verhältnis ungern und ließ darum die kleine Froschini mitsamt 17 Gefährtinnen grausam im See ertränken.

Zu Ali Paschas Zeiten waren die 46 schwer zugänglichen Dörfer der Zagoria nordöstlich von Ioannina Inseln des

Wohlstands inmitten der rauen Gebirge. Die Bewohner dieser »Zagorochoria« waren fleißige Handwerker und Strapazen gewohnte Händler, die etliche Privilegien im Osmanischen Reich genossen. Sie zogen mit ihren Maultierkarawanen über gepflasterte Handelswege von ihrer Heimat aus bis nach Thessaloniki und Istanbul, gelangten zu Wohlstand und bauten in ihren Dörfern stattliche steinerne Häuser und Kirchen. Wie praktisch nirgendwo in Hellas blieben ihre Dörfer auch in den letzten 50 Jahren nahezu unversehrt. Kaum ein Neubau stört ihr historisches Antlitz.

Seit den 1980er-Jahren wurden in vielen der zwischen Oktober und Mai fast menschenleeren Orte alte Dorfhäuser in stilvolle kleine Hotels und Pensionen verwandelt. Griechen kommen im Sommer hierher, um der Hitze weiter unten zu entfliehen und die kulinarischen Spezialitäten der Region zu genießen. Eine einzigartige Attraktion ist die Vikos Gorge, mit 15 Kilometern die längste Schlucht des griechischen Festlands. Bis zu 700 Meter tief hat sie sich ins Gebirge eingegraben. Talboden und -hänge sind mit Hopfen- und Hainbuchen, Silberlinden, Ilex, Walnussbäumen und Bergahorn dicht bewaldet. Über der Schlucht kreisen Gänse- und Schmutzgeier, halten Stein-, Zwerg- und Schlangenadler nach Beute Ausschau. Bei Monodendri kann man am besten in die Schlucht hinabsteigen und einen ganz Tage lang bis hinauf nach Megalo Papingo wandern, wo die über 2000 Meter hohen Gipfel an die Dolomiten erinnern. Dort oben warten nicht nur viele Pensionen, sondern auch ein Bad im kühlen Gebirgsbach auf den Wanderer.

67

Dem Himmel ganz nah – die Meteora-Klöster

Im Gegensatz zu den Zagorochoria gehören die weltberühmten Meteora-Klöster zu den meistbesuchten Sehenswürdigkeiten Griechenlands. Die meisten Touristen kommen jedoch von Athen oder Thessaloniki aus angereist – und missen so die erlebnisreiche Bergfahrt von Ioannina her. Da windet sich die alte Passstraße, die bald durch die neue Autobahn zwischen Igoumenitsa und Thessaloniki entlastet werden wird, in zahllosen Kurven bis ins 1160 Meter hoch gelegene Metsovo hinauf, das griechische Pendant zum deutschen Garmisch-Partenkirchen. Traditionelle makedonische Herrenhäuser mit roten Ziegeldächern, einander überkragenden Geschossen, Erkern und schönen Holzschnitzarbeiten säumen die von fast ausschließlich griechischen Touristen erfüllten Gassen des 4000-Seelen-Ortes. Früher gelangte man als Etappenstation zwischen den Zagorochoria und der Reichsmetropole zu Wohlstand. Heute floriert die Wirtschaft dank des Fremdenverkehrs und der Produktion des in ganz Griechenland begehrten Metsovo-Käses und des kräftigen Rotweins »Katoi Averof«. Überraschendes hat Metsovo auch zu bieten: eine der bedeutendsten Sammlungen neugriechischer Kunst des 19. und 20. Jahrhunderts.

Über den 1860 Meter hohen Kataras-Pass mit seinem gut erschlossenen Skigebiet geht die Fahrt dann weiter ins Pinios-Tal hinab, in dem schon von weitem sichtbar die grandiosen Meteora-Felsen aufsteigen. Der Ur-Pinios hat diese harten Gesteinskerne in grauer Vorzeit aus weicheren, sie umgebenden Erdmassen freigelegt. Bis zu 300 Meter hoch ragen sie nun von Wind, Wetter und Frost völlig glatt geschliffen über die Dächer des Städtchens Kalambaka und des Dorfes Kastraki, schimmern je nach Lichteinfall zwischen hell- und dunkelgrau, hell- und dunkelrot. Die Felsen erinnern den Betrachter an erhobene Zeigefinger, Hörner und Pyramiden, gleichen Knorpeln und Türmen.

Schon im 11. Jahrhundert ließen sich in dieser bizarren Felslandschaft Einsiedler nieder. Als die Zeiten politisch immer unruhiger wurden, gründete ein Mönch vom Berg Athos auf einer der nur über Leitern und Seile zugänglichen Felskuppen im 14. Jahrhundert ein erstes Kloster, das Megalo Meteoro. Im Laufe der Jahre kamen 19 weitere hinzu – heute sind insgesamt noch sechs von ihnen vollständig erhalten, gut restauriert und von klösterlichem Leben erfüllt. Der Weg hinauf ist bequemer und ungefährlich geworden, der Anblick der wie Adlernester über der Landschaft thronenden Klöster aber immer noch atemberaubend schön. Auch das Innere enttäuscht den Besucher nicht. Die meisten Klosterkirchen sind freskengeschmückt, die in Hellas Ikonostasen genannten Lettner häufig reich geschnitzt. Die Klostermuseen bergen alte Handschriften und Ikonen. Im Megalo Meteoro kann man in einem Eckturm sogar noch sehen, wie Mönche und Besucher voller Gottvertrauen früher mittels einer Winde, eines Seils und eines Netzes ins sonst unerreichbare Kloster gehievt wurden.

Das Meteora-Kloster Agia Triada ist der Heiligen Dreifaltigkeit geweiht.

DER PILION – GRIECHENLANDS SCHÖNSTER GARTEN

Der Pinios fließt jenseits der Meteora-Klöster in die Thessalische Ebene und bewässert die Baumwollfelder. Er passiert die Großstadt Larissa und bricht sich dann seine Bahn durchs enge, üppig grüne Tempi-Tal zur Ägäis hin, wo er beim stillen Badeort Stomio ins Meer mündet.

Wendet man sich als Reisender bei Larissa nicht nach Norden gen Olymp und Thessaloniki, sondern nach Südosten, kommt man nach Volos, dem Tor zur Pilion-Halbinsel. Volos liegt am Pagasitischen Golf, das offene Meer ist von hier aus nicht zu sehen. Man fühlt sich an einen riesigen Bergsee versetzt, der von zahllosen Gipfeln unterschiedlicher Höhe umrundet ist. Die kilometerlange Uferpromenade wird von vielen Cafés und Fischtavernen gesäumt und öffnet einen schönen Blick auf die Hänge des Pilion-Gebirges, an denen abends die Lichter der Dörfer Portaria und Makrinitsa wie Lampions schweben. Diese beiden Orte bilden einen ersten Höhepunkt jeder Rundfahrt zu den klassischen Bergdörfern des Pilion. Sie erlebten wie die Dörfer der Zagoria bei Ioannina zwischen dem 17. und 19. Jahrhundert die Blüte ihres Wohlstands, der hier noch reichlicher ausfiel als im Epirus. Die vielgeschossigen »archontika«, prachtvolle Herrenhäuser, sind deutlichster Ausdruck davon.

Besonders gut erhalten sind auf dem Pilion die zahlreichen »kalderimia«, sorgfältig mit senkrecht stehenden Steinplättchen und Kieseln gepflasterte Wege, die kreuz und quer über die ganze Halbinsel verlaufen. Sie bilden heute ein Wanderwegenetz durch stimmungsvolle Landschaften. Das Wandern hier erfordert allerdings gute Kondition. Die Halbinsel wird nämlich von einem bis zu 1548 Meter hohen Gebirgsrücken durchzogen, der auf allen Seiten recht steil zum Meer hin abfällt. Der Wasserreichtum sorgt für dichte Wälder – auf dem Pilion findet man beim Dorf Zagora Griechenlands größtes Apfelanbaugebiet, bei Kanalia und Kerassia die größten Mandelhaine des Landes. In den Dörfern oberhalb der Ostküste werden in Gewächshäusern und unter freiem Himmel Kamelien, Gardenien und Hortensien gezüchtet, die auch an Straßen und Wegen Farbtupfer setzen.

Die vielen Strände der Pilion-Halbinsel und ihre versteckten Felsbuchten sind oft nur nach mühsamem Abstieg oder serpentinenreicher Fahrt zu erreichen. Dafür sind sie aber außer im Juli und August fast immer menschenleer. Eins der schönsten Erlebnisse auf dem Pilion ist eine Fahrt mit der über 100 Jahre alten Pilion-Bahn von Lechonia bei Volos bis ins große Bergdorf Milies. Mit maximal 25 Kilometern pro Stunde geht die Reise durch Olivenhaine bergan – insgesamt sind 271 Höhenmeter zu überwinden. Nach 90 Minuten ist das Ziel erreicht. Die Lok wird abgekuppelt, rangiert und fährt vorsichtig auf eine Drehscheibe, auf der sie mit Muskelkraft gewendet wird. Den Fahrgästen bleiben dreieinhalb Stunden, Milies zu erkunden – wenn sie nicht in einem der stilvoll restaurierten und zu Hotels umgebauten Herrenhäuser bleiben.

Der Norden: Makedonien und Thrakien

Makedonien und Thrakien bilden Griechenlands Brücke zum Balkan. Hier leben ethnische Minderheiten wie Roma, türkischstämmige Moslems und muslimische Pomaken, hier gibt es noch weite Landstriche ohne Tourismus. In der Chalkidiki ist eine ganze Halbinsel für Frauen tabu: Sie dürfen die autonome Mönchsrepublik Athos nicht betreten.

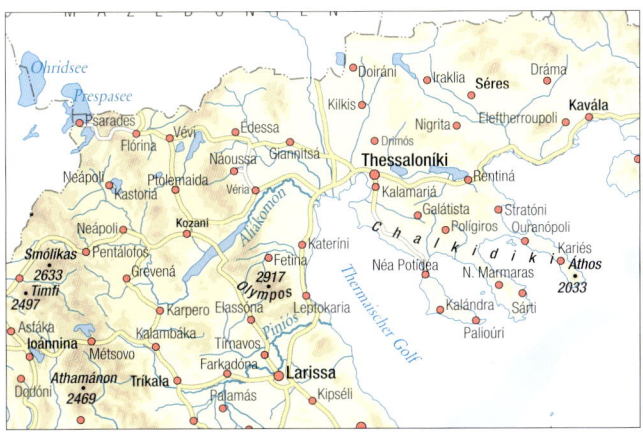

Im Norden Makedoniens und Thrakiens sind Pferdekarren noch ein häufiger Anblick.

GRIECHENLAND GANZ ANDERS

Eine Büste Alexanders des Großen, der in Pella geboren wurde. Er ist Makedoniens berühmtester Sohn.

In Makedonien ist vieles anders als im übrigen Griechenland. Weite Ebenen beherrschen das Landschaftsbild, auf großen Feldern werden Getreide, Baumwolle und Tabak angebaut. Die Gebirge sind hier überwiegend an den Rand gerückt. Den 2918 Meter hohen Götterberg Olymp teilt sich Makedonien mit Thrakien, die Rhodopen gar mit dem Nachbarland Bulgarien. Das Winterwetter ist hier rauer, der Sommer kürzer. Die Makedonier lieben das Essen schärfer gewürzt, verwenden in der Küche mehr Kräuter und Knoblauch als die Griechen im Süden. Der Flug-Pauschaltourismus hat sich hier nur die Chalkidiki zum Ziel gewählt, ansonsten überwiegen Autourlauber. Viele davon kommen aus Serbien und anderen Ländern des ehemaligen Ostblocks, für wohlhabende Russen ist die makedonische Hauptstadt ein beliebtes Shopping-Ziel. Thessaloniki ist für den Norden Griechenlands das, was Athen fürs übrige Land ist: die konkurrenzlose Metropole. Die dreifingrige Chalkidiki bildet das Pendant zum vierfingrigen Peloponnes. Einer ihrer Finger ist weltweit einzigartig, denn er trägt die autonome Mönchsrepublik Athos, wo in 20 Klöstern und noch mehr Einsiedeleien mehr als 2300 orthodoxe Mönche leben.

Makedonien ist Griechenlands Bindeglied zum Balkan. Es grenzt an Albanien, die ehemals jugoslawische Teilrepublik Mazedonien und an Bulgarien. Mit Bulgarien hat auch Thrakien eine gemeinsame Grenze, das im

Ethnische und religiöse Vielfalt: thrakische Muslimin und christlicher Athos-Mönch

Osten zudem nur durch den Fluss Evros von der Türkei getrennt ist. Dieses griechische Thrakien heißt korrekt eigentlich West-Thrakien, denn sein größerer Teil ist bis heute türkisch. Nach dem Ersten Weltkrieg war zunächst ganz Thrakien Griechenland zugesprochen worden. Der vergebliche Versuch der Hellenen, im Jahr 1922 Teile der Türkei zu erobern, zogen die Teilung Thrakiens nach sich. Anders als im übrigen Hellas kam es aber zu keinem groß angelegten Bevölkerungsaustausch, so dass in West-Thrakien heute noch mehrere hunderttausend Muslime leben. Hier sind die Moscheen noch ebenso mit Leben erfüllt wie die christlichen Kirchen, tragen Pomaken in ihren farbigen Trachten und türkischstämmige Muslime in ihrer traditionellen Bekleidung zu einem bunten Bild der Märkte bei.

Eine Sonderrolle spielte Makedonien in Griechenlands Geschichte schon immer. Während der klassischen Antike lag es am äußersten Rand der hellenischen Welt und führte praktisch ein

Eigenleben. Hier gab es keine Stadtstaaten und keine Demokratie. Makedonien wurde von Königen und einer Adelsschicht beherrscht. Wie für die frühen deutschen Kaiser des Mittelalters gab es keine feste Reichshauptstadt: Der Herrscher und sein Tross zogen von Ort zu Ort wie Karl der Große von Kaiserpfalz zu Kaiserpfalz. Trotzdem war man bemüht, am griechischen Geist zu partizipieren: Einer der Erzieher des makedonischen Kaisers Alexander des Großen war der Philosoph Aristoteles, der selbst aus Stagira in Makedonien stammte.

Als die griechischen Stadt- und Inselstaaten sich durch ihre ständigen Kriege gegeneinander entscheidend geschwächt hatten, kam die Stunde der Makedonen. In der Schlacht von Chaironeia schlugen sie unter ihrem König Philipp II. die nun endlich einmal vereinten Griechen und verleibten sich die griechische Kleinstaatenwelt ein. Sein Sohn Alexander eroberte schon wenige Jahre später große Teile der damals bekannten Welt.

So findet der Reisende in Makedonien und West-Thrakien heute denn auch überwiegend archäologische Stätten und Kunstwerke aus makedonisch-hellenistischer, römischer und frühchristlicher Zeit. Spuren der klassischen Antike sind nur spärlich entlang der Küsten zu finden, wo die griechischen Städte schon im siebten und sechsten vorchristlichen Jahrhundert Kolonien gegründet hatten. Umso reichhaltiger sind jedoch Relikte aus der byzantinischen Ära, in der Thessaloniki weitaus bedeutender war als das zum Dorf herabgesunkene Athen.

Darüber hinaus hat Nordgriechenland dem Urlauber vor allem viel Natur zu bieten. Die weit verzweigten Flussmündungen des Aliakmonas, Nestos und Evros sind – inzwischen leider bedrohte – Naturparadiese. Die Prespa-Seen im äußersten Nordwesten sind Heimat hunderter von Krauskopfpelikanen, in den Wäldern von Dadia nahe der türkischen Grenze leben nahezu alle in Europa heimischen Greifvogelarten. Mit vielen schönen Stränden wartet die Chalkidiki auf, Wintersportler finden bei Florina und Serres Pisten und Lifte.

THESSALONIKI – HAUPTSTADT DES NORDENS

Thessaloniki ist eine Halbmillionenstadt direkt am Meer. Ihr wichtigster Platz, nach dem Philosophen Aristoteles benannt, öffnet sich zum Thermäischen Golf hin, über den der Blick bei halbwegs klarer Sicht bis zum Olymp reicht. Gleich hinter der geschäftigen Uferpromenade mit ihren

Thessalonikis historisches Hafenviertel Ladadika ist heute Szene-Treff der jungen Leute.

vor allem bei jungen Leuten beliebten Cafés und Musik-Bars breitet sich das historische Marktviertel aus, dahinter steigt die Stadt recht sanft die Hänge der umliegenden Hügel empor. Die mit Ausnahme der Seeseite noch fast vollständig von ihren byzantinischen Mauern und Türmen umgebene Altstadt klettert mit ihren vielen typisch makedonischen Häusern den Akropolis-Hügel hinan, der noch einmal ganz von einer mittelalterlichen Mauer geschützt wird. Innerhalb dieser Mauern fühlt man sich wie in einem idyllischen Dorf – und ist doch nur 15 Minuten Linienbusfahrt von den Märkten und vom Hafen entfernt.

Thessaloniki ist im Gegensatz zu Athen keine quirlige Metropole, sondern eine sehr freundliche Großstadt mit schattigen Alleen und klarem Grundriss. Auch in byzantinischer und türkischer Zeit war es anders als Athen eine bedeutende Handelsmetropole, in römischer Zeit sogar einmal kurz Residenz des Kaisers. So sind überall in das Bild der Altstadt byzantinische Kirchen mit wertvollen Fresken und Mosaiken eingestreut, Relikte aus dem römischen Altertum und Bauten aus osmanischer Zeit, die in Thessaloniki bis 1913 dauerte. Als die griechischen Truppen damals die Stadt im Wettlauf mit der bulgarischen Armee einnahmen, bildeten die Griechen in Thessaloniki nur eine Minderheit. Die stärkste Bevölkerungsgruppe waren sephardische Juden, an zweiter Stelle in der Bevölkerungsstatistik standen die Muslime. Diese verließen Thessaloniki nach 1923, von den 50 000 Juden Thessalonikis wurden 1943 und 1944 über 90 Prozent in die deutschen Vernichtungslager geschickt.

Um das richtige Gefühl für Thessaloniki zu bekommen, beginnt man seinen Stadtbesuch am besten mit einem Bummel über die Märkte. Auf dem Vlali-Markt wird vor allem mit Obst, Gemüse, Fleisch und geschmuggelten Zigaretten gehandelt. In der fast 100 Jahre alten Modiano-Markthalle sind Metzger und Fischhändler zu Hause, in den Marktkneipen erklingt an Wochenenden schon mittags, ansonsten allabendlich traditionelle griechische Rembetiko-Musik. Im Marktviertel Vatikioti stellen viele Tischler traditionelle Kleinmöbel her, bieten Händler Sammlermünzen und -briefmarken

Grabbeigaben aus purem Gold lagen in den Königsgräbern von Vergina: Hier sind ein Reliquiar mit der Asche Philipp II., ein Rüstungsteil, ein Kranz aus goldenen Blättern, ein reliefverzierter Kragen (im Uhrzeigersinn von oben links) und ein Schild (großes Bild) zu sehen.

Schutzpatron Thessalonikis ist der heilige Dimitrios. Seine Basilika ist die Hauptkirche der Stadt.

feil, sind die Tavernen vor allem in der Mittagszeit gut besucht. Vor dem Ya-choudi Hamam, einem türkischen Bad aus dem 16. Jahrhundert, haben die Blumenverkäufer ihre Stände aufgebaut, unter den sechs Kuppeln des alten türkischen Bezesteni sind Textilhändler und Juweliere zu Hause.

Kunst- und geschichtsbeflissene Besucher gehen zum Forum, dem Marktplatz der römischen Stadt, schauen sich die Überreste des römischen Kaiserpalastes, den mit zahllosen Schlachtenreliefs geschmückten Galerius-Bogen und die Rotunda an. Diese beherbergt nach einer wechselvollen Geschichte als römisches Mausoleum, frühchristliche Kirche und Moschee jetzt ein Museum. Unter den zahlreichen alten Kirchen der Stadt ragen die Dimitrios-Basilika und die Agia Sophia heraus, deren älteste Mosaike aus dem siebten und neunten Jahrhundert stammen.

Besonders schön anzusehen ist das hervorragend erhaltene Kuppelmosaik in der Agia Sophia. Vor einem goldenen Hintergrund bilden da die zwölf Apostel und zwei Engel zusammen mit Maria einen Kreis. Die Figuren sind durch stilisierte Olivenbäume voneinander getrennt. In der Mitte der Kuppel tragen vier Engel den auf einem Regenbogen thronenden Christus in einer Aureole gen Himmel.

URLAUBSPARADIES IM NORDEN: DIE CHALKIDIKI

Thessaloniki liegt am westlichen Ansatz einer breiten Halbinsel, die wie eine Handfläche wirkt. Von ihr strecken sich drei jeweils ungefähr 50 Kilometer lange Finger weit in die Ägäis vor. Der südliche Teil der Hand-

fläche und die Finger bilden den Regierungsbezirk Chalkidiki. Von diesen drei Fingern sind zwei zum Baden bestimmt, der dritte ist ganz allein dem Beten vorbehalten.

Der westlichste von ihnen ist die Kassandra. Flache, sanfte Hügel bestimmen hier das Landschaftsbild, vor allem im Norden wird viel Getreide und Baumwolle angebaut. Entlang der Küsten liegen meist erst nach 1923 neu entstandene Orte, die sich heute ganz und gar dem Tourismus verschrieben haben. Auch viele Städter haben hier ihre Zweitwohnungen, denn dank einer gut ausgebauten Schnellstraße ist die Kassandra binnen einer Stunde von Thessaloniki aus zu erreichen. Die wunderschön feinsandigen Strände sind hier oft kilometerlang.

Der mittlere der drei Finger ist die Sithonia. Ihr Rückgrat bildet ein immerhin 808 Meter hohes, schwer zugängliches Gebirge. Die Küstendörfer liegen hier zum Teil auseinander, neben langen Sandstränden überwiegen kleinere und größere Badebuchten. Große Hotelpaläste gibt es nur bei Neos Marmaras, ansonsten prägen kleine Hotels, Pensionen und vor allem zahllose Campingplätze das touristische Bild.

Der dritte Finger ist nur an seinem Ansatz frei zugänglich. Seinen überwiegenden Teil nimmt die Mönchsrepublik Athos ein, die nur für Männer und nur mit speziellem Visum zugänglich ist. Diese Einreisegenehmigung wird tagtäglich nur 15 Ausländern erteilt und berechtigt zu einem maximal dreitägigen Aufenthalt. In der

Mönchsrepublik leben etwa 2300 Mönche. Sie mussten zwar die griechische Staatsbürgerschaft annehmen, um sich hier auf Dauer niederzulassen, sind aber keineswegs alle gebürtige Griechen. Unter den 20 Klöstern des Athos sind auch je ein russisch-, serbisch- und bulgarisch-orthodoxes; eine der zwölf klosterähnlichen Skiten ist rumänisch-orthodox.

Wer ohne Visum einen Eindruck von der Schönheit des heiligen, 2030 Meter hohen Berges gewinnen will, unternimmt eine Bootsfahrt entlang der Küste. Diese Touren starten im Ort Ouranoupoli, dessen Name wörtlich übersetzt »Himmelsstadt« bedeutet.

DIE MAKEDONISCHEN KÖNIGSSTÄDTE

Im äußersten Nordosten der Chalkidiki legen Archäologen erst seit wenigen Jahren die gut erhaltenen Überreste der antiken Stadt Stagira frei. Hier wurde 384 v. Chr. der große Philosoph Aristoteles geboren. 28 Jahre später erblickte in Pella westlich von Thessaloniki ein Knabe das Licht der antiken Welt, der als Alexander der Große in die Geschichte eingehen sollte. Aristoteles wurde zu einem seiner Erzieher bestellt.

Traumhaft schön ist die Ostküste der Halbinsel Kassandra mit der Lagune Glarokavos.

Der Berg Athos ist 2033 Meter hoch (oben), der Grenzübergang zur Mönchsrepublik Athos ist bestens bewacht(unten).

Das Kloster Ouranoupouli (oben), Fresko vom Jüngsten Gericht im Kloster Xenofontas (unten)

In Pella, wo auch der Dramatiker Euripides (485 bis 406 v. Chr.) seine letzten Lebensjahre verbrachte, beeindrucken den Besucher heute vor allem die Größe der antiken Stadt und die schönen Bodenmosaike, die in den Häusern gefunden wurden. Das wohl berühmteste davon ist die Darstellung einer Löwenjagd, die vielleicht sogar Alexander zeigt. Nicht weit von Pella entfernt wurde in Vergina Alexanders ermordeter Vater Philipp II. beigesetzt. 1977 entdeckte der Archäologe Manos Andronikos sein unversehrtes Grab. Seine Asche war in einem elf Kilogramm schweren Schrein aus purem Gold deponiert, dessen Deckel ein sechzehnzackiger Stern zierte. Er ist heute als »Stern von Vergina« das Symbol für Makedonien und seine Zugehörigkeit zu Griechenland. Das Grab ist unter einem rekonstruierten Grabhügel Teil eines hochmodernen Museums, in dem auch noch andere typisch makedonische Kammergräber zu sehen sind.

Die älteste der drei makedonischen Königsstätte war Dion am Fuß des Olymp. Hier opferte Alexander nochmals Göttervater Zeus, bevor er zu seiner Welteroberung aufbrach. Im Museum von Dion steht als einzigartiger Schatz die 1992 entdeckte älteste Orgel der Welt. Die Pfeifen des Instruments aus dem zweiten nachchristlichen Jahrhundert sind aus Bronze, gespielt wurde sie mit 24 Tasten.

Den Gipfel des Olymp erreicht man nur als Bergwanderer mit einiger Erfahrung. Einen Eindruck von der

Eine Ziegenherde erklimmt von der Olympischen Riviera aus den Hang des Götterbergs Olymp. Es geht hinauf nach Litochoro.

Schönheit des »Nationalpark Olymp« gewinnt man aber schon, wenn man von Litochoro aus mit dem Auto bis zur Prionia-Hütte in 1100 Meter Höhe hinauffährt und von dort aus weitergeht, wie man es sich selbst bedenkenlos zumuten mag. Dabei begreift man auch, dass der Olymp kein einzelner Berg, sondern ein ganzes Massiv darstellt: 40 Kilometer lang und 30 Kilometer breit, mit mehr als zehn Gipfeln, die über 2700 Meter Höhe erreichen.

PELZE, KARPFEN UND PELIKANE – EINE REISE ZU DEN PRESPA-SEEN

Wer sich nach so viel Geschichte der Natur zuwenden will, ist nicht nur am Olymp gut aufgehoben. Von Pella aus erschließt sich dem motorisierten Urlauber auch der Nordwesten Makedoniens. Schnell ist das große Kirschen- und Pfirsichan-

baugebiet unterhalb von Edessa erreicht. Die Stadt rühmt sich des höchsten Wasserfalls Griechenlands, der freilich nur klägliche 25 Meter in die Tiefe stürzt. Sehr viel faszinierender sind da die Prespa-Seen, die sich Griechenland mit Albanien und der ehemals jugoslawischen Teilrepublik Mazedonien teilt. Unwillkürlich zieht man den Kopf ein, wenn Pelikane dicht über einem dahin segeln. Mehrere hundert dieser Vögel sind Sommergäste am Kleinen und am Großen Prespa-See, der in einem ausgedehnten Hochtal 850 Meter über dem Meeresspiegel liegt und immerhin halb so groß ist wie der Bodensee. Er bietet genug Futter für Pelikane, Kormorane und viele Wasservögel und deckt auch die Tafel der Menschen mit großen, hier extrem preiswerten Karpfen. Zu den vielen Erlebnissen, die dieser versteckte Winkel am Ende der griechischen Welt zu bieten vermag, gehört auch eine Bootsfahrt in einem schwarz kalfaterten Kahn zu verschiedenen Grotten am Seeufer. Hier bauten fromme Eremiten

vor Jahrhunderten Mönchszellen und kleine Kirchen hinein, die zum Teil noch mit Fresken aus dem 15. Jahrhundert ausgeschmückt sind.

Am Ufer eines anderen großen Sees liegt Kastoria, die Kürschner-Hauptstadt Europas. Auch viele Pelzhändler in Frankfurt, London und Paris stammen von hier. In Kastoria selbst werden in fast 3000 kleinen und großen Werkstätten Pelzstreifen kunstvoll zu »Tafeln« genäht, aus denen dann Pelzjacken und -mäntel entstehen. Bei Sonnenschein stehen und liegen diese Tafeln überall in der modernen Stadt auf den Straßen, den Kürschnern kann man durch offene Fenster und Türen

**Pelikane an den Prespa-Seen
Pelzverarbeitung in Kastoria
Tabakfabriken in Kavala**

bei der Arbeit zusehen. Hauptabnehmer für die Pelze sind heute die Staaten der ehemaligen Sowjetunion.

MAKEDONIENS OSTEN UND WEST-THRAKIEN

Zwei große Seen begleiten den Reisenden zunächst auch, wenn er sich von Thessaloniki auf den Weg macht in Richtung Türkei. Sie begrenzen die Halbinsel Chalkidiki nach Norden hin. Erste Großstadt am Weg ist dann Kavala, das im 19. Jahrundert durch den Tabakhandel zu Wohlstand gelangte. Zahlreiche prächtige Villen und sorgfältig restaurierte Fabrikgebäude, in denen die Tabakblätter getrocknet und eingelagert wurden, zeugen davon. Schön ist die auf einer felsigen Halbinsel gelegene Altstadt, in der 1769 Muhammed Ali geboren wurde, der es vom Tabakhändler zum Vizekönig Ägyptens brachte und damit zum Begründer der letzten ägyptischen Herrscherdynastie vor Nasser aufstieg.

Nur wenige Kilometer nördlich von Kavala liegt eine der bedeutendsten historischen Stätten des europäischen Christentums: Jenes Philippi, wo der Apostel Paulus die Römerin Lydia als erste Frau zur neuen Religion bekehrte und wo er die erste christliche Gemeinde auf europäischem Boden gründete. Imposant sind hier vor allem die haushohen Überreste der römischen Thermen. Eher kurios ist das heutige Heilbad von Laspoloutra ganz in der Nähe: Da sitzen den ganzen Tag über vor allem ältere Griechen beiderlei Geschlechts in einem großen Schlammloch, mit Ausnahme des Gesichts von einer dicken, heilsam-mineralhaltigen Schlammkruste bedeckt. Die Kurgäste kommen bevorzugt in Gruppen und bringen manchmal auch einen Vorleser mit. Der steht dann auf einem Balkon und unterhält die Schlammbadenden mit zumeist religiösen Texten.

87

Der Markt in Komotini mutet geradezu orientalisch an.

Östlich von Kavala bildet der 240 Kilometer lange, im bulgarischen Rila-Gebirge entspringende Nestos-Fluss die Grenze zwischen Makedonien und West-Thrakien. Er windet sich kurz darauf in vielen Schleifen durch die wilde Nestos-Schlucht, durch die keine Straße, sondern nur eine tunnelreiche Eisenbahnstrecke führt. Dann verzweigt er sich, bildet ein Delta mit vogelreichen Auwäldern, in denen Erlen, Pappeln und Weiden seine Ufer säumen.

Größte Stadt West-Thrakiens ist Xanthi mit 45 000 Einwohnern – es ist Griechenlands Tor zum Orient. In Xanthi selbst leben zahlreiche türkischstämmige Muslime. Nördlich von Xanthi liegt das Hauptsiedlungsgebiet der Pomaken. Sie hängen ebenfalls dem Islam an, sprechen aber einen bulgarischen Dialekt. Ihre ethnische Zugehörigkeit ist unbekannt, lange wurden sie von der griechischen Regierung nicht als ethnische Minderheit respektiert, bis Anfang der 1990er-Jahre waren ihre Dörfer militärisches Sperr-

gebiet. Heute finden sie langsam den Anschluss ans übrige Hellas, aber Pensionen oder gar Hotels gibt es in ihren Orten bis heute nicht. Besonders deutlich wird die ethnische Vielfalt am Samstagmorgen, wenn in Xanthi ein großer Wochenmarkt stattfindet. Dann kommen die Pomaken in ihren bunten Trachten in die Stadt.

Bis Komotini bleibt West-Thrakien ein von Moslems und Christen gemeinsam bewohntes Land. Dann wird es wieder rein christlich: Nahe der türkischen Grenze durften sich bis in die 1990er-Jahre hinein aus politischen Gründen keine griechischen Moslems niederlassen. Die Grenze bildet hier der Evros-Fluss mit seinem fast 500 Quadratkilometer großen Delta. Ein Besuch empfiehlt sich nur in Begleitung von Naturschützern, die Bootstouren auf dem Evros anbieten. Das gesamte Flusstal wimmelt von Soldaten. Bis vor wenigen Jahren hatten sie vorrangig die Aufgabe, den Türken gegenüber Flagge zu zeigen. Jetzt besteht ihre »Hauptaufgabe« in der Bekämp-

fung des Drogenhandels und der Einschleusung von Asylanten.

Durchs Evros-Tal gen Norden zu fahren, lohnt sich für Naturfreunde dennoch. Sie gelangen nämlich nach Soufli, dem früheren Zentrum der griechischen Seidenraupenzucht mit einem hervorragenden Museum zu diesem Thema. Den krönenden Abschluss bildet die Greifvogel-Station im Wald von Dadia, dem größten zusammenhängenden Waldgebiet ganz Griechenlands. Über 100 Vogelarten brüten hier, darunter allein 23 verschiedene Greifvogelarten. Weitere 13 kommen während des Vogelzugs oder als Überwinterungsgäste hinzu.

Auf der Fahrt durch diesen Wald zurück nach Alexandroupoli passiert man auf 50 Kilometern Strecke kein einziges Dorf. Nur einige wenige Ställe und Hütten sarakatsanischer Viehzüchter sind zu sehen – Zeugnisse einer weiteren ethnischen Minderheit in Griechenland, von denen einige wenige tausend noch als Halbnomaden in West-Thrakien leben.

Die Ausgrabungen von Philippi

Das Evros-Delta ist griechisch-türkisches Grenzgebiet. Die unzugängliche Region beheimatet ein bedeutendes Feuchtbiotop.

Die Ionischen Inseln

Zwischen der albanischen Grenze und der Südwestspitze des Peloponnes liegen 13 bewohnte Inseln im Ionischen Meer. Sie alle sind in Sichtweite zum griechischen Festland und sind dennoch auch Italien zugewandt.

Jahrundertealte Olivenhaine sind typisch für die ionischen Inseln Korfu und Paxos.

MITTLER ZWISCHEN ORIENT UND OKZIDENT

Kulturhistorisch betrachtet waren die Ionischen Inseln immer ein Bindeglied zwischen Orient und Okzident, denn über 600 Jahre lang standen sie unter der Herrschaft katholischer Kreuzritter, Venedigs und schließlich auch noch Frankreichs und Großbritanniens. Die Türken, die sich das übrige Griechenland seit Mitte des letzten Jahrtausends unterworfen hatten, waren – mit Ausnahme des besonders festlandsnahen Lefkas – nie Herren über diesen Archipel.

Besonders prägend waren für diese Inseln die Jahrhunderte der venezianischen Oberhoheit, die erst mit dem Sturz Venedigs durch Napoleon 1798 ein Ende fanden. Venedig hatte dafür gesorgt, dass Korfu und Paxi von dichten Olivenbaumwäldern bestanden sind und dass die fruchtbaren Teile von Zakinthos wie eine Landschaft in Venetien wirken. Die »Serenissima« hat zudem die Architektur der Inseln geprägt, für die frei stehende Campanili als Glockentürme und Basiliken statt der sonst in Griechenland üblichen Kreuzkuppelkirchen typisch sind. Die Lagunenstadt hat die Sangesfreude der Insulaner zumindest gefördert und die Melodien der Inseln so heiter werden lassen, dass sie mit den oft orientalisch anmutenden Tönen der Ägäis nur entfernte Ähnlichkeit besitzen. Schließlich beeinflusste Venedig die Küche des Archipels und hat seine Feste mitgeprägt – nirgends sonst in Hellas wird der Karneval so venezianisch gefeiert wie zwischen Korfu und Zakinthos.

Ihre knorrigen Stämme und silbrig-grün in der Sonne glänzenden Blätter machen die Ölbäume zu einer wahren Augenweide.

MAJESTÄTISCHES KORFU

Das winzige Felseiland Othoni ist die Italien am nächsten gelegene griechische Insel. Aber hier machen bestenfalls Yachten fest – für alle größeren Schiffe aus der Adria ist Kerkira, die Hauptstadt von Korfu, der erste Anlaufhafen in Griechenland. Zwei mächtige Burgen aus venezianischer Zeit rahmen ihre Altstadt. Dazwischen sind die völlig autofreien Hauptgassen mit Marmor gepflastert. Sie werden von schattigen Arkaden gesäumt, unter denen Juweliergeschäfte und Mode-Boutiquen ihr italienisch geprägtes Angebot ausstellen.

Nahezu ladenfrei blieb hingegen das Altstadtviertel Cambiello mit seinen fünf- und sechsgeschossigen venezianischen Wohnhäusern. Über den engen, verwinkelten Gassen wird die Wäsche zum Trocknen aufgespannt, an kleinen Plätzen stehen italienisch anmutende Kirchen und Brunnen. Am schönsten ist der Blick über die Altstadt und Burgen hinweg auf Berge und Meer vom Dachrestaurant des Hotels Cavalieri. Dort genießt man die laue Luft unter dem Sternenhimmel bei einem fruchtigen Cocktail oder einem mit Pflaumen und gegrillten Apfelscheiben gefüllten Schweinebraten nach korfiotischer Art.

In der unmittelbaren Umgebung der Stadt erzählen zwei ansprechend restaurierte Schlösschen von ausländischen Majestäten. In einem romantisch verwilderten Park steht »Mon Repos«, das 1831 im Stil eines klassizistischen Landhauses erbaut wurde. Am 10. Juni 1921 wurde hier Philip, Herzog von

Das Achilleion ist Ausdruck »königlicher Schwärmereien« Sisis und Wilhelms II.

Edinburgh, der heutige Gemahl der britischen Königin, als Grieche geboren. Nur ein paar Kilometer Luftlinie davon entfernt hatte sich Kaiserin Elisabeth von Österreich, liebevoll Sisi genannt, 1892 das Achilleion als kleinen Palast mit subtropischem Garten erbauen lassen. Einige Jahre, nachdem Sisi 1897 in Genf einem Attentat zum Opfer gefallen war, erwarb der deutsche Kaiser Wilhelm II. das Anwesen. Heute ist es Korfus meistbesuchte Touristenattraktion.

Über Königen und Kaisern thronte auf Korfu schon immer der Pantokratoras – der höchste Inselberg, dessen Name schlicht »Allesbeherrscher« bedeutet. Von seinem 906 Meter hohen Gipfel aus liegt dem Betrachter die ganze grüne Schönheit der Insel zu Füßen. Alte Olivenhaine, die häufig längst zu wahren Oliven-Urwäldern herangewachsen sind, bedecken die vielen Hügel und Täler. Immer wieder ragen schlanke, dunkle Zypressen wie Nadelspitzen aus dem silbrig-grün in der Sonne

94 **Oben: Einen prächtigen Anblick bietet das Achilleion im Inneren. Unten: Der sterbende Achill ist ein »Muss« für den Fotografen.**

Die Treppenstufen im Achilleion sind mit viel Liebe zum Detail gearbeitet. Sie zeigen Figuren aus der griechischen Mythologie.

schimmernden Blätterwald. Weit über 100 Dörfer mit ziegelgedeckten, oft in zarten Pastellfarben gestrichenen Häusern verstecken sich darin. Lange, aber zumeist schmale Kiesstrände säumen die Ostküste der Insel. Im Norden dominieren lange Sandstrände und weiße Kreideklippen die Küstenszenerie.

Am abwechslungsreichsten ist die Westküste mit ihren weiten Sandstrandbuchten, zwischen Steilufern versteckten Stränden und sogar einem hohen Dünenband bei Agios Georgios Argiradon.

IN DER HEIMAT DES ODYSSEUS

Auf Korfu endete einst die zehnjährige Irrfahrt des homerischen Helden Odysseus. Der listige König von Ithaka war mit den anderen griechischen Achäern in den Kampf um Troja gezogen und hatte dort viele Heldentaten vollbracht, sich allerdings auch den Zorn des Meeresgottes Poseidon zugezogen. Nach dem für die Griechen siegreichen Kampf trieb Poseidon Odysseus' Schiff kreuz und quer durchs Mittelmeer und erlegte ihm zahlreiche Abenteuer auf, die all seinen ithakischen Gefährten das Leben kosteten. Schließlich wurde er bei Ermones an die Küste Korfus gespült. Der dort herrschende Phäakenkönig Alkinoos nahm ihn gastfreundlich auf und ließ ihn schließlich auf seine Heimatinsel zurückbringen, die heute Ithaki heißt.

Auf dem Weg dorthin passiert das Schiff das kleine Eiland Paxi, das wie Korfu von uralten Olivenwäldern bewachsen ist. Dann taucht Lefkas vor

Auf dem Lande tragen viele alte Korfiotinnen heute noch ihre traditionelle Tracht.

dem Seefahrer auf. Die fast 300 Quadratkilometer große Insel ist neben Euböa die einzige Griechenlands, die über eine Brücke mit dem Festland verbunden ist. Doch die Brücke ist hier anders als im Falle Euböas kein Bauwerk, sondern eine einfache Autofähre. Sie ist genauso lang wie der Kanal breit ist, den es zu überqueren gilt. An einem Ufer fahren die Autos aufs Schiff, auf der anderen wieder hinunter, ohne dass die Fähre sich auch nur

einen einzigen Meter bewegt hat. Mehrmals täglich dreht sie kurz bei, um Fischerboote und Yachten passieren zu lassen – griechisches Improvisationstalent par excellence.

Die extreme Nähe zum Festland war schuld daran, dass Lefkas anders als die übrigen Ionischen Inseln für über 200 Jahre (von 1467 bis 1684) in türkische Hände fiel. Glanzvolle venezianische Bauten wie auf Korfu oder Zakinthos gibt es hier aus diesem Grund nicht.

Dafür stehen an vielen Gassen der Inselhauptstadt noch einfache Häuser mit hölzernem Obergeschoss nach türkischer Art. Viele dieser Holzfassaden wurden in den letzten Jahren in fröhlichen Pastellfarben neu gestrichen und verleihen dem Ort ein mediterran-heiteres Flair.

Der Haupthafen und -urlaubsort von Lefkas ist Nidri, das 16 Kilometer südlich der Inselmetropole liegt. Der lang gestreckte Ort liegt am Eingang der fast hermetisch vom offenen Meer abgeriegelten Bucht von Vlichou, die ringsum von grünen Hügeln umgeben ist. Nidri vorgelagert sind eine Reihe kleiner Inseln, von denen Skorpios den Nachkommen des Großreeders und Milliardärs Aristoteles Onassis (1907 bis 1975) gehört. Hier verbrachte der legendäre Grieche viele turbulente Stunden mit Maria Callas, Jackie Kennedy und Prominenten aus aller Welt.

UNGLEICHE SCHWESTERN: ITHAKI UND KEFALLONIA

Zwischen Lefkas und den Nordspitzen von Ithaki und Kefallonia sind bei Tag und Nacht Frachter und große Autofähren unterwegs. Sie befahren die Route zwischen Italien und dem Hafen von Patras auf dem Peloponnes. Ihr Weg wird von den kleinen lokalen Fähren gekreuzt, die Lefkas mit Frikes verbinden, dem nördlichsten der drei Hafenorte auf Homers Heimatinsel Ithaki.

Odysseus' Spuren sind – wenn es ihn denn wirklich gab – auf dem heutigen Ithaki vollkommen verwischt. Archäologen konnten zwar nachweisen, dass die Insel schon um 1200 v. Chr. von griechischen Achäern bewohnt war, mehr aber nicht. Die Ithaker von heute nutzen dennoch die Werbewirksamkeit des Helden, um Urlauber anzulocken. An etlichen Stellen auf der Insel haben sie Schilder aufgestellt, die zu angeblichen Schauplätzen der Odyssee weisen. So gilt die Arethousa-

Kioni im Nordosten der Insel gilt als einer der schönsten Orte auf Ithaki.

Sah so der Held Odysseus aus?

Quelle vor einer steilen Felswand an der südlichen Ostküste als der Ort, an dem der Hirte Eumäos die Schweine des Königs tränkte. In einer kleinen Felsgrotte oberhalb der Dexia-Bucht soll der heimgekehrte Odysseus zunächst seine mitgebrachten Geschenke versteckt haben. Sein Palast stand angeblich im heutigen Stavros, wo jetzt aber nur noch eine Odysseus-Büste die Erinnerung an ihn wachhalten kann.

Ithaki scheint sich in seiner gesamten Länge von 23 Kilometern an die Ostküste des achtmal größeren Kefallonia zu schmiegen wie ein Kind an seine Mutter. Diese größte der Ionischen Inseln wirkt wie ein Puzzle aus ganz unterschiedlichen und doch zusammengehörenden Teilen: Jedes Teil ist anders geformt. Da gibt es dichte, dunkle Tannenwälder im Nationalpark an den Hängen des 1628 Meter hohen Berges Enos. Da findet sich eine steppen-, im Herbst teilweise gar wüstenartige Landschaft mit flachen Tafelbergen und bizarren Erosionstälern im Südwesten der Halbinsel Lixouri. Im In-

selnorden erinnern sanfte Hügel und schüttere Olivenhaine samt Zypressen an Korfu und der idyllische Hafenort Fiskardo an die Côte d'Azur. Nahe der Inselhauptstadt Argostoli sowie bei Skala im Süden ziehen schöne Sandstrände Hoteliers und Urlauber an, während die Menschen in den Hochtälern in völliger Weltabgeschiedenheit Schafe züchten und Wein anbauen. Kefallonia ist damit eine kleine, sympathische Welt für sich.

Bootsfahrt zur Melissani-Höhle

Und eine Welt kleiner Wunder. Auf der Lassi-Halbinsel bei Argostoli fließt das Meer durch kleine, natürliche Kanäle landeinwärts und versickert dann im Boden. Die Menschen haben sich diese Naturerscheinung früher zu Nutzen gemacht und hier große Wasserräder installiert. Mit ihrer Hilfe trieb das Meer Getreidemühlen an. Eine dieser »Meerwassermühlen« blieb erhalten und wurde in ein stimmungsvolles Café integriert.

Beim 24 Straßenkilometer entfernten Sami tritt das bei Argostoli versickern-

de Salzwasser nach 15 Tagen wieder aus, nachdem es unterirdisch durch den karstigen Boden geflossen ist. Es speist unter anderem den kleinen See in der Melissani-Höhle, deren Decke teilweise eingestürzt ist. Ein Bootsmann rudert Besucher durch diese Tropfsteinwelt im Zwielicht, das das glasklare Wasser des Sees in allen erdenklichen Blau-, Grün- und Türkistönen schimmern lässt.

Nicht nur die Natur ist auf Kefallonia wundersam, auch der Inselheilige Agios Gerassimos trägt das Seine dazu bei. Darum hat man ihm im Hochtal von Omalon, das auch für seine exzellenten Robola-Weine berühmt ist, die größte Kirche der Insel errichtet. In der Klosterkirche daneben ruhen seine Gebeine in einem Sarg und können zweimal täglich von den Schlange stehenden Gläubigen ehrfurchtsvoll geküsst werden. Ein Priester verliest dazu die Gebete, die ihm die Pilger zuvor auf ein Zettelchen geschrieben haben. Oft werden sie erhört, so heißt es …

Farbenfrohe Kirche in Kefallonia

Eines »Schlangenwunders« darf sich das kleine Dorf Arginia ganz im Süden der Insel rühmen. Oft winden sich am Morgen des 15. August, der in ganz Griechenland ein hoher Feiertag zum Gedenken an den Marientod ist, Dutzende kleiner Schlangen in die Marienkirche des Ortes. Die Einheimischen erkennen auf ihren Köpfen ein Kreuz, halten still, lassen die Reptilien ganz nahe kommen, nehmen sie sogar vom Boden auf. Nach dem Gottesdienst verlassen sie die Kirche wieder – und kommen, wenn überhaupt, erst am 15. August des nächsten Jahres wieder. Ihr Erscheinen wird immer wieder mit Hoffen und Bangen erwartet, denn es verspricht den Dorfbewohnern ein segensreiches Jahr.

Echtes Pech am Stecken: Das ist ganz natürlich in Keri im Süden von Zakinthos.

ZAKINTHOS – DIE BLUME DER LEVANTE

Vom Süden Kefallonias ist Zakinthos deutlich zu sehen, die südlichste der Ionischen Inseln. Die Venezianer schätzten sie fast noch mehr als Korfu, nannten sie liebevoll ihre »Fior di Levante«. Fast alle Kirchen haben hier einen Campanile wie der Markusdom in Venedig; die großen Landgüter stehen von der Straße versetzt und sind oft nur über Alleen zu erreichen, die an einem prächtigen Eingangsportal beginnen. Zypressen und Pinien prägen zusammen mit Ölbäumen das Landschaftsbild, die roten Ziegeldächer der Häuser scheinen nächste Verwandte in der Emilia Romagna und in Dalmatien zu haben. Dabei sind sie häufig recht neu: Über 95 Prozent der Gebäude auf Zakinthos

wurden 1953 bei einem Erdbeben völlig zerstört. Die Inselhauptstadt Zakinthos wurde sogar fast völlig dem Erdboden gleichgemacht: Nur die Kirche des Inselheiligen Agios Dionysios und die Hauptverwaltung der Nationalbank blieben nahezu unversehrt.

Heute sind die Erdbebenspuren völlig beseitigt. Nur eine Reihe historischer Fotos in den Räumen der Stadtbibliothek legen noch Zeugnis vom Leiden der Betroffenen ab. Die Bibliothek selbst wurde ebenso wie viele andere Bauten aus venezianischer Zeit originalgetreu wieder aufgebaut, das Stadtzentrum verströmt mit seinen marmorgepflasterten Gassen, weiten Plätzen und schattigen Arkaden wieder historisches Flair. Besonders schön ist der Blick auf die Stadt vom Dorf Bochali aus. Da blickt man auf das Häuserband, das sich lang und schmal zu Füßen eines niedrigen Felsrückens am Meer entlang erstreckt und über

den Hafen zum Peloponnes – das historische Olympia ist ganz nah.

Wegen seiner vielen guten Sandstrände ist Zakinthos heute eine der zehn meistbesuchten Urlaubsinseln Griechenlands. Die schönsten Strände säumen die weite Bucht von Laganas. Ausgerechnet dort aber graben schon seit Menschengedenken Meeresschildkröten der Art Caretta caretta in den Nächten von Juni bis August ihre etwa 50 Zentimeter tiefen Nester. Diese füllen sie mit bis zu 120 Eiern, die Tischtennisbällen ähneln, bedecken sie wieder mit Sand und kehren ins Meer zurück. Nach etwa 60 Tagen schlüpft eines Nachts der Nachwuchs und macht sich auf seinen kurzen, aber lebensgefährlichen Weg in sein eigentliches Element.

Zu den natürlichen Feinden der Kleinen wie Vögeln und Raubtieren sind jetzt die Touristen hinzugekommen. Mit ihren Sonnenschirmen stechen sie in die Nester, mit lauten Strandfesten vertreiben sie die legewilligen Muttertiere. Lichter von Hotels und Tavernen lenken die geschlüpften Jungtiere vom rechten Weg ab, so dass sie am nächsten Morgen in der Sonne vertrocknen oder eine leichte Beute ihrer Feinde werden.

Um das zu verhindern, wurde die Bucht von Laganas 1999 zum Meeresnationalpark erklärt. Motorboote dürfen hier nicht mehr fahren, freiwillige Helfer klären die Urlauber über Schutzmaßnahmen auf, ein Strand ist komplett für Besucher gesperrt. Ob das genügt, um die vom Aussterben bedrohte Tierart zu erhalten, wird sich in der Zukunft zeigen.

Die wunderschönen Strände sind nicht die einzigen Naturattraktionen, die Zakinthos zu bieten hat. Nur wenige Meter vom Ufer der Bucht von Laganas entfernt quillt in einem Sumpfgebiet aus mehreren Quellen echtes Pech. Bis vor wenigen Jahren wurden damit noch die Boote der Insulaner kalfatert. Im Nordosten der Insel stehen die Blauen Grotten von Zakinthos ihren Namensvettern auf Capri an Schönheit nicht nach. Boote fahren in die Höhlen hinein und stoppen oft sogar für eine kurze Badepause im glasklaren, blau-türkis schimmernden Wasser.

Durch Poster und Postkarten weltberühmt wurde der nur von See her zugängliche »Shipwreck Beach« zwischen über hundert Meter hohen, steil abfallenden Kliffs: Da wird ein gestrandeter Frachter äußerst fotogen langsam vom Sand zugeweht.

Typischer Inselstil: Der Glockenturm der Dionysios-Basilika in Zakinthos steht als Campanile abseits der Kirche.

Die Ägäischen Inseln und Kreta

Die Ägäis trennt Europa von Asien. Die kleinsten Inseln hier sind wahre Inselzwerge. Kreta hingegen ist Griechenlands größte Insel.

Chios mit seinem Geisterdorf Anavatos ist ein echter Geheimtipp für den Reisenden.

INSELZWERGE, INSELRIESEN

Auf die Insel Kalidon wurden einst Lepra-Kranke verbannt. Vom Hafen Kissamos-Kastelli fahren heute Fähren zum Peloponnes hinüber.

Kreta ist Griechenlands größte Insel. 260 Kilometer lang und bis zu 60 Kilometer breit trennt sie wie ein Riegel die Ägäis und das Libysche Meer. Vier mächtige Gebirge reihen sich hier von West nach Ost aneinander, schlagen eine Brücke von den Massiven des griechischen Festlands und des Peloponnes zum kleinasiatischen Taurus-Gebirge. Jedes der kretischen Gebirge ragt über 2000 Meter hoch in den Himmel, der höchste Gipfel ist mit 2456 Metern der allen Kreuzworträtsel-Lösern bekannte, auch Psiloritis genannte Ida. Seine oberen Regionen sind meist noch bis in den Mai hinein schneebedeckt, während an den Stränden schon die ersten Urlauber in der Sonne bräunen.

Das Ida-Gebirge durchzieht das Zentrum Kretas. Sein höchster Gipfel, der 2456 Meter hohe Psiloritis, ist der König der kretischen Berge.

Seine vielfältigen Strände und zahlreichen Hotels haben Kreta zur beliebtesten Urlaubsinsel in der Ägäis gemacht. 2,5 Millionen Urlauber aus aller Welt fliegen alljährlich ein – doppelt so viele wie nach Rhodos, der Nummer zwei unter den griechischen Ferienzielen. Kreta kann diese große Zahl an Fremden glücklicherweise gut verkraften, ohne seinen ursprünglichen Charakter zu verlieren. An der Nordküste mit ihren kilometerlangen Sand- und Kiesstränden stehen die Hotels zwar zum Teil dicht an dicht – insbesondere an der »Costa Turistica« zwischen der Hauptstadt Iraklio und dem idyllischen Agios Nikolaos. Am Libyschen Meer aber sind noch viele kleine, außer im August kaum überlaufene Küstenorte und zahlreiche unverbaute Buchten zu finden. Besonders reizvoll sind die Bergdörfer der Insel, in denen die Zeit stehen geblieben zu sein scheint.

105

Ein Mythos im Abendlicht: Der minoische Palast von Knossos ist Kretas bedeutendste archäologische Stätte.

Kreta hat für jeden Urlaubergeschmack viel zu bieten. Leidenschaftliche Bergwanderer durchqueren die Insel der Länge nach auf dem europäischen Fernwanderweg E4 und übernachten in Schutzhütten des kretischen Alpenvereins, wagemutige Bungee-Springer stürzen sich in Limenas Chersonnissos in die Tiefe, Paraglider schweben über dem Tal von Avdou.

Strandvergnügen der besonderen Art bieten die Palmenstrände von Vai und Preveli, mehrere Tropfsteinhöhlen ermöglichen Einblicke in die kretische Unterwelt. Zahlreiche wilde, unberührte Schluchten können durchwandert werden, allen voran die berühmte, zum Nationalpark erklärte 15 Kilometer lange Samaria-Schlucht in den Weißen Bergen.

Schier unerschöpflich sind die Möglichkeiten, in Kretas über 5000-jährige Geschichte einzutauchen. Hier kam unser Kontinent, Europa, zu seinem Namen, hier entwickelte sich die erste Hochkultur auf europäischem Boden. Am Strand von Matala entstieg der Mythologie nach eines Tages ein weißer Stier den Wogen des Libyschen Meeres. Auf seinem Rücken trug er die phönizische Königstochter Europa. Der Stier war kein Geringerer als der griechische Göttervater Zeus: Er hatte die junge Schönheit beim Spiel an einem phönizischen Strand entdeckt und war in Begierde nach ihr entbrannt. Um sie entführen zu können, verwandelte er sich in das prächtige Tier. Die Prinzessin spielte mit ihm und schwang sich schließlich gar auf seinen

Rücken. Da stieg er mit ihr in die Wellen und schwamm nach Kreta hinüber. Von Matala aus zogen die beiden weiter nach Gortys, wo sich Zeus mit ihr vermählte. Neun Monate später gebar Europa einen Sohn: den sagenhaften Minos, den ersten König von Kreta.

Seinen Namen gaben die Historiker der Kultur, die Kreta und den ägäischen Raum von etwa 2000 v. Chr. an über 500 Jahre prägte. Ihr Zentrum legte der britische Archäologe Sir Arthur Evans zu Beginn des letzten Jahrhunderts in über 40-jähriger Grabungstätigkeit frei: den Palast von Knossos nahe der Inselhauptstadt Iraklio. Auf einer Fläche von etwa 20 000 Quadratmetern umschloss er auf bis zu vier Etagen über 1400 Räume mit verschiedensten Funktionen. Manche

Am alten venezianischen Hafenbecken von Rethimno reiht sich ein Fischrestaurant an das andere.

dienten dem Kult, andere dem Wohnen. Werkstätten waren ebenso darunter wie Lagerräume und Schreibstuben, in denen die Minoer auf Tontäfelchen genau Buch über ihre Warenbestände führten. Evans legte in Knossos nicht nur die Grundmauern frei, sondern restaurierte und ergänzte des Gefundene so, wie er es für richtig hielt. Dadurch wird hier das Leben vor über 3500 Jahren sehr viel anschaulicher als sonst in archäologischen Stätten üblich. Man sieht wieder errichtete Säulen und Freskenkopien an den Wänden, geht über rekonstruierte Treppen von Etage zu Etage, gewinnt einen Eindruck vom urbanen Charakter dieser uralten Palastsiedlung.

Auf Zeugnisse der minoischen Kultur stößt man überall auf Kreta. In den Archäologischen Museen der Insel stehen die einzigartigen Kunstwerke jener Zeit. Auf einsamen Bergkuppen und an den Hängen grüner Täler erzählen die Grundmauern von Landvillen beredt von jener Zeit, im Osten Kretas haben Ausgräber bei Gournia und Palekastro die Straßen, Plätze und Häuser zweier Landstädte entdeckt. Tempel wie im klassischen Griechenland sucht man hier allerdings vergeblich, denn nach dem Untergang des Minoischen Reiches um 1450 v. Chr. blieb die Insel über ein Jahrtausend lang relativ bedeutungslos. Erst die Römer brachten sie wieder auf die Bühne der Weltgeschichte zurück. Ihre Hauptstadt war jenes Gortys, wo Zeus dereinst den Minos mit Europa gezeugt hatte.

Hier in Gortys läutete der Apostel Paulus im Jahr 59 auch eine völlig neue Zeit ein, als er den Kretern den christlichen Glauben predigte und seinen Begleiter Titus, an den er später die Briefe schrieb, als ersten Bischof der Insel zurückließ. Die oft farbenprächtigen Mosaiken frühchristlicher Basiliken und die mittelalterlichen Fresken in über 1000 byzantinischen Kirchen gehören zu den größten Kunstschätzen der Insel. Zwischen den Mauern oft ganz einsam gelegener Klöster leben heute noch Mönche und Nonnen.

Im vergangenen Jahrtausend setzten dann Venezianer und Türken die Akzente, die Kretas Gesicht bis heute prägen. Die Serenissima, die die Insel im frühen 13. Jahrhundert kampflos unter ihre Herrschaft brachte, ließ gewaltige

Festungen errichten und schützte ihre wichtigsten Städte durch hohe Mauern, die größtenteils heute noch stehen. Insbesondere in der alten venezianischen Hauptstadt Chania und an ihrem großen Hafen ist das Flair Venedigs deutlich spürbar. Hier kann man auch gut Urlaub machen: Viele der alten Adelspaläste beherbergen heute stimmungsvolle Hotels, in dachlosen Ruinen venezianischer Häuser haben sich Sommer-Restaurants angesiedelt.

Chania und Rethimno, Kretas drittgrößte Stadt, werden von mehreren Minaretten überragt, die von über drei Jahrhunderten türkischer Fremdherrschaft über Kreta zeugen. Erst 1898 mussten die Truppen des Sultans die Insel verlassen. Kreta wurde autonom, bis es sich 1913 endlich dem griechischen Mutterland anschließen durfte.

Als Griechen fühlen sich die Inselbewohner jedoch nur in zweiter Linie – vor allem sind sie Kreter. Sie sind stolz darauf, dass ihre Vorfahren sich häufiger als andere Hellenen gewaltsam gegen die türkische Fremdherrschaft aufgelehnt hatten, dass ihre Partisanen im Zweiten Weltkrieg besonders heftig gegen die deutschen Besatzer gekämpft hatten und dass die beiden größten Fährschiffreedereien des Landes fest in kretischen Händen sind. Die Menschen lieben ihre oft sehr orientalisch anmutende kretische Musik und das typisch kretische Instrument, die Lyra. Und wenn sie feiern, trinken sie nicht den Anisschnaps Ouzo, sondern ihren kretischen Raki, einen Tresterschnaps.

Kapelle an Kretas Südküste; Schlangengöttin aus minoischer Zeit; der Fährhafen von Iraklio; Kafenio am Bembo-Brunnen in Iraklio; türkische Festung von Frangokastello

DIE KYKLADEN – EIN BILDERBUCH-ARCHIPEL

Im Vergleich zu Kreta sind die 25 bewohnten Inseln im Zentrum der Ägäis nur Inselzwerge. Alle Kykladen zusammen erreichen noch nicht einmal ein Drittel der Fläche Kretas. Dennoch prägen gerade sie im Ausland das Bild der griechischen Inselwelt. Die weißen, roten und blauen Kuppeln ihrer unzähligen Kirchen fehlen auf kaum einem Titelbild einer Griechenland-Publikation. Die weißen, kubischen Häuser ihrer Dörfer gelten als Inbegriff der Ägäis, die steinige Kargheit der meisten Kykladen als Archetyp griechischer Landschaft.

Santorin liegt von allen Kykladen Kreta am nächsten. Santorin erinnert an keinen anderen Ort der Erde, es ist eines der größten Landschaftserlebnisse, welches die Welt zu bieten vermag. Ursprünglich war sie eine fast kreisrunde Insel, in deren Mitte sich ein vielleicht 1600 Meter hoher Vulkan von der Art des Vesuv erhob. Um 1450 v. Chr. brach er aus. Nur drei Teile des Inselrandes ragten noch aus dem Meer, in die mächtige Caldera war das Meer eingebrochen. Santorins Bewohner, die in engem Kontakt zum minoischen Kreta standen, hatten sich rechtzeitig in Sicherheit gebracht. Ihre von Aschemassen und Bimsstein verschüttete Stadt, die Archäologen seit 1967 bei Akrotiri freilegen, zeugt noch heute von ihrem einstigen Wohlstand.

Die griechischen Farben sind Weiß und Blau, hier zu sehen im Kloster Chozoviotissa auf Amorgos (oben) und am Kraterrand von Santorin (unten).

Das idyllische Städtchen Mykonos und der Anleger von Moutsounas auf Naxos laden zum Verweilen ein. Rechts: Folegandros

Die beiden Häfen Santorins liegen im Inneren des Kraters. Die Schiffe von Piräus und den nördlicheren Kykladen her müssen durch die südliche der drei Öffnungen in die Caldera einlaufen. Bis zu 360 Meter hoch steigen die Kraterwände fast senkrecht aus dem Meer empor, bedeckt von einer bis zu 60 Meter dicken Lava- und Ascheschicht, welche die Insel wie ein Leichentuch und doch wie ein kostbarer Teppich zugleich bedeckt. Am oberen Kraterrand ziehen sich auf viele Kilometern die strahlend weißen Häuser und Kirchen der Dörfer von Santorin entlang, während im Inneren des Kraters zwei neuere Lavainseln mit ihren Fumarolen daran erinnern, dass der Vulkan noch immer nicht ganz zur Ruhe gekommen ist.

Wer Santorin als Urlauber richtig genießen will, quartiert sich in einem der vielen Hotels unmittelbar am Kraterrand ein. Die Zimmer und Apartments sind hier oft in neuen oder auch historischen Höhlenwohnungen eingerichtet, deren Terrassen über dem Meer zu

schweben scheinen. Während die Caldera von schicken Yachten, eleganten Kreuzfahrtschiffen und schnellen Fähren durchkreuzt wird, genießt man ein Gläschen des kräftigen Santorini-Weins, dem der feuchte und warme vulkanische Ascheboden sein unverwechselbares Aroma schenkt.

Wie Santorin wurde auch Mykonos ein Ziel des internationalen Jet-Sets. Außer grandiosen Sandstränden hat die Landschaft zwar nichts Besonderes zu bieten, doch dafür verstanden es die Mykonioten hervorragend, die Geschlossenheit und architektonische Unversehrtheit ihres mittelalterlichen Hauptstädtchens zu wahren.

Kein hässlicher Neubau stört hier die Harmonie der engen Gassen mit den fröhlich bunt gestrichenen Türen, Fensterläden und Geländern der Außentreppen und Balkone. Juweliere von internationalem Ruf, renommierte Modeschöpfer, junge Designer, Künstler und Kunsthandwerker haben im Gassengewirr ihre schicken Läden, Restaurants verschiedenster Proveni-

enz laden zu kulinarischen Entdeckungen ein. Die Tage verbringt man auf Mykonos am Beach. Am späten Nachmittag wird durchs Städtchen gebummelt und dann beim Aperitif in einer Cocktail-Bar der Sonnenuntergang genossen. Abends warten Clubs und Discos nach einem späten Dinner auf Paare in jeglicher Zusammenstellung. Nach Mitternacht stehen spontane Champagner-Partys auf den kleinen Plätzen des Städtchens auf dem Programm. Zum Sonnenaufgang trifft man sich dann im Rock Café im Inselzentrum oder in einer der schicken Beach Bars, die ihre Pforten von drei Uhr nachts bis zum späten Vormittag geöffnet halten.

Nur eine halbe Stunde Bootsfahrt trennt das quicklebendige Mykonos von der stillen Insel Delos, auf der außer ein paar Museumswärtern kein Mensch mehr wohnt. Französische Archäologen haben hier eine der größten antiken Städte Griechenlands freigelegt, in der im zweiten vorchristlichen Jahrhundert über 30000

Über Naxos-Stadt erhob sich einst der Palast der Herzöge der Kykladen.

Menschen lebten. Galt Delos während der griechischen Antike noch als heilige Insel, auf der die Gottheiten Apoll und Artemis das Licht der Welt erblickten, war es in hellenistisch-römischer Zeit vor allem ein Handelszentrum, in dem an manchen Tagen bis zu 10 000 Sklaven den Besitzer wechselten. Von der griechischen Kultstätte zeugen die berühmten delischen Löwen ebenso wie die Fundamente mehrerer Tempel. Von der Großstadt blieb neben zahlreichen Bodenmosaiken, Häuserresten und Marktplätzen auch das Theater erhalten.

Zwischen Mykonos und Santorin liegt Naxos als größte und fruchtbarste Insel der Kykladen. Mit dem 1004 Meter hoch aufragenden Zas besitzt sie auch den einzigen »Tausender« des Archipels. Lange vor Delos war es im siebten und sechsten Jahrhundert v. Chr. das Kultur- und Handelszentrum der Inselgruppe . Auch im Mittelalter kam Naxos besondere Bedeutung zu: Zwischen 1207 und 1566 war es Sitz des venezianischen Herzogs der

Kykladen. Im historischen Kern der Inselhauptstadt Chora ist noch sein Burgviertel erhalten. Von den ehemals sieben Türmen der Mauer aus dem 13. Jahrhundert steht einer noch mächtig wie vor 700 Jahren da, viele der Häuser aus den 13. und 14. Jahrhundert tragen über ihren Eingängen noch venezianische Familienwappen. Über die ganze

Insel verteilt stehen in den Dörfern oder in einsamer Landschaft festungsartige Wohntürme, die dem venezianischen Adel als Landsitze dienten. Zu den größten Sehenswürdigkeiten aus der Antike gehören auf Naxos neben einem erst kürzlich freigelegten und inzwischen restaurierten Tempelheiligtum vor allem zwei fast zehn Meter lange Kouroi. Diese Statuen des Gottes Apoll liegen unvollendet in ehemaligen Marmor-Steinbrüchen.

Berühmter noch als der Marmor von Naxos war im Altertum der Marmor von Paros. Er wurde hier – anders als sonst in Griechenland – in unterirdischen Stollen gebrochen, von denen einer heute noch Abenteuerlustigen zugänglich ist. Das Besondere des parischen Marmors ist seine hohe Durchscheinfähigkeit, die ausgeprägter ist als die des italienischen Carrara-Marmors. Man bemerkt sie leicht, wenn man ein Licht hinter ein Marmorstückchen hält. Diese hohe Durchscheinfähigkeit machte es Künstlern

Paros: das Museum Benetos Skiadas

schwer, die Wirkung einer Skulptur vorauszusehen – darum versuchten sich auch nur die größten Meister der Antike an diesem edlen Material.

Paros ist seit den 1970er-Jahren ein Drehkreuz des Fährverkehrs in der Ägäis. Daher ist es eine besonders bei Inselhüpfern und jungen Rucksacktouristen beliebte Zwischenstation. Hunderte von kleinen, engen Gassen, dutzende von nachbyzantinischen Kirchen und Kapellen sowie das bilderbuchhafte Burgviertel machen den Hauptort Parikia neben Mykonos zur schönsten Siedlung der Kykladen. Auch Naoussa, das zweite Inselstädtchen, hat seinen kykladischen Charakter komplett bewahrt. Unvergleichbar schön ist hier das winzige, kreisrunde Hafenbecken aus dem Mittelalter, in dem die Fischerboote oft so dicht aneinander liegen, dass man den Hafen fast trockenen Fußes überqueren könnte. Rundherum stehen die Tische und Stühle von Fischtavernen, von denen aus nicht mehr zu sehen ist als Fischer, ihre Boote, niedrige Häuschen und die Ägäis: Urlaubsromantik pur.

Die Odos Ippoton war im Mittelalter die Hauptstraße der Stadt Rhodos.

DER DODEKANES – KLEINASIEN VOR AUGEN

Für Inselspringer sind die 19 bewohnten Inseln des Dodekanes ebenso gut als Urlaubsziel geeignet wie die Kykladen. Selbst im Hochsommer sind sie weniger überlaufen. Rhodos ist die Hauptinsel des Archipels. Im Gegensatz zu den meisten Kykladen ist sie relativ grün. Es gibt Wälder und Weingärten, Olivenhaine, Getreidefelder, Orangen- und Zitronenplan-

tagen. Bis auf wenige Steilküsten wird Rhodos von langen Strand- und Kiesstränden und kleinen Badebuchten gesäumt, die außer im tiefen Süden nahezu vollständig von Hotels und Tavernen gesäumt sind. Kein Wunder also, dass Rhodos nach Kreta mit 1,25 Millionen ausländischen Besuchern jährlich Griechenlands zweitwichtigste Urlauberinsel ist.

Fremde Besucher sind für die Rhodier nicht erst seit kurzem ein gewohnter Anblick: Als letzte große griechi-

sche Insel auf dem Weg in die Levante besaß sie immer Bedeutung für Seeleute, Händler und machthungrige Generäle, Könige und Kaiser aller Zeiten. Letzte Fremdherrscher waren die Italiener, die den gesamten Dodekanes zwischen 1912 und 1943 wie eine Art Kolonie verwalteten. Viele frühere Herren hinterließen bestens erhalten gebliebene Spuren. Vom Altertum zeugen die Tempel auf den Akropolen von Rhodos-Stadt, Ialyssos und Lindos sowie die weitläufigen Überreste der

Stadt Kamiros. Aus byzantinischer Zeit stammen freskengeschmückte Kirchen, die Kreuzritter vom Johanniterorden errichteten rund um die Insel stattliche Burgen. In der Altstadt von Rhodos stehen noch immer mehrere Moscheen und sogar ein türkisches Bad – die Italiener haben nämlich viele Bauten aus der Ritterzeit aufwändig restauriert und rekonstruiert und orientalisch anmutende Gebäude wie die Thermen von Kallithea und den Markt am Mandraki-Hafen hinzugefügt.

Die Altstadt von Rhodos ist weltweit einzigartig. Innerhalb der bis zu zwölf Meter dicken, über vier Kilometer langen Stadtmauer blieb fast alles so erhalten, wie es im Lauf der Zeit gewachsen ist. Zwischen Moscheen, byzantinischen Kirchen und Ausgrabungen antiker Gemäuer leben noch immer etwa 4000 Menschen, die dieses einzigartige Freilichtmuseum beleben. 700 Jahre alte Häuser dienen heute als romantische, komfortable Hotels und Pensionen, in vielen Tavernen sitzt man in

jahrhundertealten Gewölben. Mit Kieselsteinen gepflasterte Gassen bilden ein Labyrinth, in dem Kürschner ihre Werkstätten betreiben und immer wieder Kanonenkugeln zu Pyramiden aufgeschichtet sind.

Sein Gesicht erhielt dieses architektonische Juwel währen der drei Jahrhunderte, als der Johanniterorden zwischen 1209 und 1521 seinen Hauptsitz auf Rhodos hatte, von hier aus zu seinen Kaperfahrten aufbrach und in seinem Hospital die Kranken und Ver-

Die Nikolaus-Festung schützte die Einfahrt des Mandraki-Hafens, der zu Füßen des Großmeisterpalastes von Rhodos-Stadt liegt.

wundeten pflegte. An der Ritterstraße stehen die Herbergen der verschiedenen, »Zungen« genannten Landsmannschaften, aus denen sich der Orden zusammensetzte. An ihrem oberen Ende haben die italienischen Faschisten den ehemaligen Großmeisterpalast wieder aufgerichtet und mit prächtigen antiken Mosaiken von anderen Inseln des Archipels ausgeschmückt.

Östlich von Rhodos, ganz dicht vor der türkischen Küste, liegt fast auf halbem Wege nach Zypern das winzige Kastellorizo. Hier leben auf einer Fläche von neun Quadratkilometern nur noch 200 Menschen in einer Stadt, deren Häuser bis zum Zweiten Weltkrieg 14 000 Bewohnern Platz boten.

Westlich schließen sich an Rhodos in Richtung Kreta die Inseln Karpathos und Kassos an. Auf dem vor allem bei Windsurfern beliebten Karpathos gibt es hoch über der Küste ein großes Bergdorf, das in ganz Griechenland einen besonderen Ruf als Hort alter Traditionen genießt. Hier in Olymbos tragen viele Frauen auch an ganz normalen Werktagen ihre historischen Trachten, spielen selbst die jungen Leute lieber die traditionelle Lyra als die E-Gitarre. Nirgends in der griechischen Inselwelt werden Feste nach so althergebrachter Weise gefeiert wie hier, wo die Frauen über ihren bunten Festtagstrachten schwere Ketten mit Goldmünzen tragen. Diese wertvollen Schmuckstücke lagern sonst das ganze Jahr über in den Tresoren der Banken oder Polizeistationen.

Der Hauptstrang des Dodekanes zieht sich von Rhodos aus gen Norden und Nordwesten unmittelbar an der kleinasiatischen Küste entlang. Solange diese Inseln Teil des Osmanischen Reichs waren, ging es ihnen wirtschaftlich ausgezeichnet, denn das nahe Festland war ein ergiebiger Handelspartner. Erst nach der Besetzung durch die Italiener 1912 wurden sie dieses großen Hinterlandes beraubt und erlebten einen wirtschaftlichen Niedergang.

Ein gutes Beispiel dafür ist das nur 90 Fährminuten von Rhodos entfernte Symi. Wenn das Schiff an den Küsten der Insel entlangfährt, wirkt sie wie ein kahler Felsklotz ohne Lebensspuren. Doch dann offenbart sich dem Reisenden plötzlich eine schöne Stadt mit mehrgeschossigen, ziegelgedeckten Häusern, die sich auf drei Seiten an den Hängen einer fjordähnlichen Bucht entlangzieht. Vor 100 Jahren lebten hier noch 20 000 Menschen. Sie bauten aus vom kleinasiatischen Festland importierten Holz Schiffe, trieben damit Handel im ganzen ägäischen Raum, tauchten nach Schwämmen und bestellten Weingärten und Getreidefelder. Heute leben die verbliebenen 2600 Symioten vor allem von den vielen Tagesausflüglern, die von Rhodos aus herüberkommen.

Das beliebteste Tagesausflugsziel auf der Insel Kos ist die Vulkaninsel Nissyros. Vom Schiff aus ähnelt sie auf den ersten Blick noch anderen Inseln. Die bis zu einer Höhe von 698 Metern ansteigende Kammlinie ihrer Hügel, die in Wahrheit ein Kraterrand ist, lässt von See aus nicht erkennen, dass sich im Innern der Insel eine elliptische Caldera verbirgt – 3,5 Kilometer lang und bis zu 1,5 Kilometer breit. Der Kraterboden liegt nur etwa 100 Meter über dem Meeresspiegel. Seine eine Hälfte ist grün, die andere gleicht in ihrer Kargheit einer Mondlandschaft. In diesem Teil sind noch einmal fünf kleine Krater zu finden. Hier erheben sich auch kleinere Vulkankegel, deren Hänge vom Schwefel gelb gefärbt sind. An mehreren Stellen steigen Schwefeldämpfe auf, im größten der fünf kleinen Krater blubbert es unaufhörlich in kleinen Schlammlöchern. Der Boden ist hier so heiß, dass Fremdenführer zum Erstaunen ihrer Gäste auf herumliegenden Steinen binnen Sekunden Spiegeleier braten.

Sein quirliges Nachtleben ist eine der Hauptattraktionen von Kos. Im Disco-Viertel der Inselhauptstadt drängen sich die jungen Leute die ganze Nacht über in den engen Gassen zwischen dem malerischen Hafenbecken und den Überresten der antiken Stadt, die hier wie ein Stadtpark mitten im Zentrum liegen und jederzeit frei zugänglich sind. Nur ein paar Meter davon entfernt trägt eine uralte, stark stützungsbedürftige Platane noch immer ein grünes Blätterkleid. Unter ihr soll vor über 2400 Jahren Hippokrates gelehrt haben, der auf Kos geborene größte Mediziner der Antike. Im Asklipieion vor der Stadt bauten spätere Generationen eines der größten Äskulap-Heiligtümer des Altertums, das Kos zu einem der bedeutendsten Kurorte im Mittelmeerraum machte.

Während Kos sich ganz und gar dem Massentourismus verschrieben hat, leben viele der 16 400 Einwohner von Kalymnos von der Fischerei. Der Thun- und Schwertfisch, den sie fangen, wird bis auf die Märkte von Rom und Paris verkauft. Noch berühmter aber wurde Kalymnos für seine Schwammtaucherei und Schwammbearbeitung. Im 19. und zu Beginn des 20. Jahrhunderts hatte der Naturschwamm die Kalymnier reich gemacht. In der Inselhauptstadt Pothia

Das Asklipieion auf Kos war in der Antike ein bedeutender Kurort.

zeugen zahlreiche stattliche Villen davon. In mehreren Betrieben rund ums Hafenbecken kann man den Handwerkern noch immer bei der Schwammbearbeitung zusehen und auch rare Einzelstücke kaufen. Ein exzellentes Museum stellt die Geschichte und die Technik der Schwammtaucherei anschaulich dar.

Den nördlichen Abschluss der Inselkette des Dodekanes bildet das per Gesetz zur »Heiligen Insel« deklarierte Patmos. Nach eigenem Bekunden empfing hier in einer heute noch zu bewundernden Felsgrotte Johannes seine als letztes Buch ins Neue Testament aufgenommene Vision der Apokalypse. Vor über 900 Jahren gründeten aus Kleinasien vertriebene Mönche auf der kahlen Insel ein mächtiges Kloster. Als Trutzburg gegen den Islam gedacht, prägen dessen zinnenbekrönte Mauern noch heute weithin sichtbar die Silhouette der Insel. Um das Kloster herum scharen sich die im Gegensatz zum unverputzten Kloster strahlend weiß gekalkten Häuser des Inselstädtchens Chora wie ein freundlicher Gürtel um einen gestrengen Herrn. Sie vermittelt das Bild einer byzantinischen Siedlung, das ähnlich geschlossen nirgends in Griechenland mehr zu finden ist.

UNBEKANNTE NORD-ÄGÄIS

Mit Samos und Ikaria beginnt nördlich von Patmos ein Inselreigen, der keinem Archipel mehr zuzuordnen ist. Die Inseln der Nordägäis sind aufgrund ihrer Größe entweder eigenständige Verwaltungseinheiten oder gehören zu Festlands-

Ano Vathy ist das schönste Viertel der Inselhauptstadt von Samos.

provinzen. Jede hat ihren ganz eigenen ausgeprägten Charakter, denn mit Ausnahme von Samos, Lesbos und Thassos steht keine von ihnen auf den Flugplänen der Chartergesellschaften.

Samos ist schon seit Jahrhunderten in ganz Europa für seinen Wein berühmt, der sogar im Vatikan als Messwein dient. Heute bauen die 4000 Winzerfamilien der Insel zwar immer noch die aromatische Muscat-Traube an, doch in den beiden Kellereien der Winzergenossenschaft werden sie dem veränderten Zeitgeschmack entsprechend inzwischen überwiegend zu trockenen Weinen ausgebaut.

Weil Samos-Wein sich gut verkaufen lässt, sind die Winzerdörfer auf den Ebenen im Binnenland und an den Hängen der beiden bis zu 1440 Meter hohen Gebirgszüge der Insel noch immer voller Leben. Der Badetourismus ist auf Samos nur eine Randerscheinung, der sich auf wenige Orte wie Kokkari und Pythagorio konzentriert. Das nach dem Mathematiker Pythago-

ras ($a^2 + b^2 = c^2$) benannte Hafenstädtchen ist ein geschichtsträchtiger Ort. Hier entstanden unter der Herrschaft des von Friedrich Schiller im »Ring des Polykrates« besungenen Tyrannen einige der bedeutendsten Baudenkmäler des sechsten vorchristlichen Jahrhunderts. Deutsche Archäologen haben sie freigelegt: die Überreste eines monumentalen Tempels für Zeus' Gemahlin Hera und einen 1036 Meter langen Tunnel, der die Trinkwasserversorgung der Stadt sicherte. Erstmals in der Menschheitsgeschichte wurde ein solches Bauwerk von beiden Seiten gleichzeitig ins Gestein getrieben – und man traf sich tatsächlich fast punktgenau mitten im Berg.

Ein anderer Versuch, die technische Entwicklung zu fördern, scheiterte in mythischer Vorzeit vor Samos' Nachbarinsel Ikaria. Ihr Namensgeber ist Ikaros, der beim ersten Flugversuch der Menschheitsgeschichte trotz der Warnungen seines Vaters Daidalos ums Leben kam: Daidalos hatte die mit

Ikaria ist eine steinige Insel. Sie war lange Verbannungsort für politische Häftlinge.

Wachs verklebten Vogelschwingen konstruiert, mit denen Ikaros der Sonne zu nah kam und in die Ikarische See stürzte. Im Hafen des Inselhauptortes Agios Kirykos hat man ihm ein Denkmal errichtet.

Ikarias Reiz liegt in seiner Wildheit: Ein über 1000 Meter hoher Gebirgskamm durchzieht die etwa 40 Kilometer lange Insel von West nach Ost, enge Schluchten finden sich darin, in denen im Winter Bäche über kleine Wasserfälle stürzen. Die aus Naturstein erbauten Häuser sind mit Schiefer gedeckt; manchmal dient für Kirchen und Häuser aber auch der anstehende Fels als Wand oder gar als Dach.

Knapp vier Stunden Bootsfahrt trennen Ikaria und Samos von Chios, das im Mittelalter lange Zeit von den Genuesern beherrscht wurde. Der Süden der 50 000 Bewohner zählenden Insel hat Chios reich gemacht. Hier gedeiht nämlich seit alters her eine besondere Art des Mastix-Strauches, dessen Harz den Haremsdamen im Osmanischen Reich als eine Art Kaugummi lieb und teuer war. Mastixöl wurde Parfüms und Backwaren beigesetzt, diente zur Herstellung von Seifen und Likör. Heute wird es zudem in der Weltraumfahrt und bei der Lackherstellung benötigt. Da dieses Mastix so einzigartig war, wurden die Dörfer der Mastixbauern im Inselsüden nie von Eroberern zerstört. Sie vermitteln teilweise heute noch den Eindruck, man spaziere durch das 13. Jahrhundert.

Auch sonst ist Chios reich an architektonischen und künstlerischen Sehenswürdigkeiten. In der Küstenebene nahe der Hauptstadt stehen prächtige genuesische Landhäuser inmitten von Orangen- und Obstbaumhainen, das Kloster Nea Moni in der einsamen Bergwelt birgt einige der kostbarsten auf Goldgrund gefertigten Mosaike des 11. Jahrhunderts.

Das doppelt so große Lesbos, von den Griechen auch Mytilini genannt, ist Griechenlands Quell der Poesie. Hier schrieb die erste Dichterin der Weltgeschichte vor über 2600 Jahren ihre zarten Huldigungen an junge Mädchen, die einer ganzen Liebesvariante den Namen gab. Hier spielt mit »Daphnis und Chloë« einer der erotisch feinsten Liebesromane, der je geschrieben wurde und immer noch wonnevoll zu lesen ist. Marc Chagall hat ihn übrigens illustriert. Werke von ihnen hängen ebenso wie Originale von Picasso, Braque, Miró und anderen Künstlern des 20. Jahrunderts im weithin unbekannten Tériade-Museum nahe der Inselmetropole.

Lesbos steckt auch sonst voller Überraschungen. Es gibt Thermalquellen mit antiken römischen Badebecken und byzantinische Badehäuser, einen versteinerten Wald, romantische Fischerhäfen, kilometerlange Sandstrände – genug Sehenswertes für mindestens zwei Urlaubswochen.

Limnos und Samothraki sind Griechenlands Wachposten an der Zufahrt zu den Dardanellen, am Weg von der Ägäis nach Istanbul und ins Schwarze Meer. Limnos galt in der Antike als Heimatinsel des Schmiedegottes Hephaistos, der hier in seiner Werkstatt Schmuck von nie gekannter Feinheit schuf. Heute ist der Wein das wichtigste Wirtschaftsprodukt der Insel.

Samothraki mit dem 1611 Meter hohen Gipfel des Fengari war in der Antike geheimnisumwittert. Hier wurden in einem heute noch gut erhaltenen Heiligtum, in dem die nun im Pariser Louvre ausgestellte Figur der Siegesgöttin Nike gefunden wurde, die rätselhaften Kabiren verehrt. Diese galten insbesondere als Schutzgötter der Schiffsreisenden.

Den Abschluss des Nordägäischen Inselbogens bildet schließlich das dicht vor dem makedonischen Festland gelegene Thassos, eine grüne Insel mit Olivenhainen, vielen Obstbäumen und dichten Kiefernwäldern, in denen zahlreiche Imker ihre farbenfroh gestrichenen Bienenstöcke aufstellen. Die kleine Inselhauptstadt Limenas ist von ganz besonderem Reiz. Überall sind zwischen die moderne Wohnbebauung Überreste aus der Antike eingestreut. Sie zeugen vom Wohlstand der antiken Thassier, der vor allem auf dem Gold-, Silber- und Marmorbergbau beruhte. Die weit über 2000 Jahre alte Stadtmauer ist streckenweise noch sehr gut erhalten, sogar drei Stadttore sind deutlich erkennbar.

INSELN IM ABSEITS – DIE NÖRDLICHEN SPORADEN

Für die meisten Griechenland-Urlauber liegen die vier bewohnten Inseln der Nördlichen Sporaden im touristischen Abseits. Man kann sie nicht per Schiff von Piräus aus erreichen, die nächsten Flughäfen sind weit entfernt bei Athen und Thessaloniki. So kommen nur wenige Deutsche hierher, dafür aber zahlreiche Niederländer, Briten und Griechen. Skiathos und Skopelos sind im Sommer durchaus massentouristische Ziele, obwohl sie auf dem deutschen Markt kaum angeboten werden.

Skiathos und Skopelos sind so beliebt, weil sie zu den grünsten Inseln Griechenlands gehören: Dichte Kiefern- und Pinienwälder bedecken die überwiegend sanften Hügel und reichen häufig bis direkt an die zahlreichen schönen Strände heran. Die bildhübschen Inselstädtchen mit ihren ziegelgedeckten Häusern und vielen Kapellen sind äußerst fotogen, denn ihre Architektur ist vom nahen thessalischen Festland geprägt.

Alonissos ist anders. Ein Erdbeben hat hier 1965 die alte Bausubstanz fast völlig vernichtet, idyllische Winkel sind in den Inselorten kaum zu finden. Dafür kann Alonissos mit gut markierten Wanderwegen und Griechenlands erstem Meeres-Nationalpark aufwarten. Er soll vielen Arten in der seit langem stark überfischten Ägäis Schutz bieten, insbesondere aber der vom Aussterben bedrohten Mönchsrobbe (Monachus monachus). Weltweit wird ihr Bestand nur noch auf etwa 500 Exemplare geschätzt, etwa 50 davon leben zwischen den unbewohnten Inseln östlich und nordöstlich von Alonissos.

Als Bindeglied zu den Kykladen liegt Skyros weit draußen im Ägäischen Meer. Die weißen Häuser des Hauptorts klettern fast kykladisch anmutend den steilen Hang des Burgbergs empor. In seinen Gassen wimmelt es am Faschingssonntag von Besuchern aus ganz Hellas, denn auf keiner anderen griechischen Insel wird der Karneval so traditionell gefeiert wie hier. Männer haben sich in Gewänder aus Ziegenfellen gehüllt und tragen Ziegenbockmasken. Sie tanzen quirlig in den Gassen, obwohl an den Fellen bis zu 80 Ziegenglocken hängen, die oft mehr als 35 Kilogramm wiegen. Beim Tanzen machen sie einen ohrenbetäubenden Lärm, als wollten sie mit den bösen Geistern auch den Winter vertreiben. Es gelingt ihnen jedes Jahr aufs Neue – denn auch in der Nördlichen Ägäis scheint die Sonne so oft und intensiv wie auf den übrigen Inseln.

Im ehrwürdigen Kloster Evangelistrias auf Skiathos finden noch Gottesdienste statt.

Daten und Fakten

Zeittafel

5000 bis 2500 v. Chr.
In der Jungsteinzeit entstehen erste befestigte Siedlungen mit steinernen Häusern z. B. in Sesklo und Dimini bei Volos.

3000 bis 2000 v. Chr.
Kykladen-Kultur: Auf den zentralen Inseln der Ägäis entwickelt sich eine Kultur, deren bedeutendste Hinterlassenschaft durch ihren Abstraktionsgrad ganz modern wirkende menschliche Marmor-Figuren sind, die so genannten Kykladen-Idole.
Die schönsten Sammlungen besitzen das Nationalmuseum und das Goulandris-Museum für Kykladische Kunst in Athen.

2000 bis 1400 v. Chr.
Minoische Kultur: Auf Kreta und später auch auf Santorin entwickelt sich die erste Hochkultur auf europäischem Boden. Ihre bedeutendsten Zeugnisse sind die Paläste von Knossos, Matala, Zakros und Festos auf Kreta sowie die Stadt Akrotiri auf Santorin.

1600 bis 1200 v. Chr.
Mykenische Kultur: Auf dem Peloponnes entstehen befestigte Städte, die ihren Herrschaftsbereich über weite Teile Mittelgriechenlands und der Inselwelt ausdehnen. Um 1450 dringen sie auch nach Kreta vor. Kurz nach dem Trojanischen Krieg um 1200 erlischt diese Kultur aus unbekannten Gründen.

1200 bis 700 v. Chr.
Dunkle Jahrhunderte (Dark Ages): Neue griechische Stämme dringen aus dem Norden nach Griechenland vor, große kulturelle Leistungen werden nicht erbracht.

700 bis 480 v. Chr.
Archaische Zeit: Die griechischen Stadt- und Inselstaaten entstehen. Viele von ihnen gründen allein oder gemeinsam mit anderen Kolonien im gesamten Mittelmeerraum und am Schwarzen Meer.

490 bis 479 v. Chr.
Perserkriege: In mehreren Schlachten widerstehen die Griechen, unter ihnen vor allem die Athener, den Eroberungsversuchen des Perserkönigs (490 Marathon, 480 Salamis, 479 Plataä).

479 bis 338 v. Chr.
Griechische Klassik: Theater, Philosophie, Naturwissenschaft und Kunst erblühen. In Athen entstehen die Prachtbauten auf der Akropolis. Politisch wird auch diese Zeit durch den Gegensatz zwischen dem demokratischen Athen und dem oligarchischen Sparta geprägt.

338 bis 146 v. Chr.
Hellenismus: Unter dem makedonischen König Philipp II. werden die griechischen Kleinstaaten erstmals vereint. Sein Sohn, Alexander der Große, bricht zur Welteroberung auf und trägt die griechische Kultur bis nach Afghanistan und Indien. Als er 323 v. Chr. in Alexandria stirbt, zerbricht sein Weltreich und wird unter seinen Generälen aufgeteilt. Griechenland gehört nun teilweise zu Makedonien, teilweise zum ägyptischen Reich der Ptolemäer.

146 v. Chr. bis 527 n. Chr.
Römische Zeit: Die Römer machen sich Griechenland untertan. Politisch spielt es keine Rolle mehr, seine Kultur aber beeinflusst das römische Reich maßgeblich. Um das Jahr 50 unternimmt der Apostel Paulus mehrere Reisen durch Griechenland (Philippi, Athen, Korinth). Als unter dem römischen Kaiser Diokletian (284–305) das Reich in vier Teile geteilt wird, steigt Thessaloniki zur Hauptstadt des östlichen Reichsteils auf. Bald darauf verlegt Kaiser Konstantin die Hauptstadt nach Konstantinopel, dem heutigen Istanbul. 391 werden alle heidnischen Kulte verboten, das Christentum wird Staatsreligion.

527 bis 1453

Byzantinische Zeit: Mit Kaiser Justinian beginnt für das Oströmische Reich eine neue Ära, die von westlichen Historikern später als Byzantinische Zeit benannt wurde. Im Bilderstreit (726–843) bilden sich die wesentlichen Regeln für die orthodoxe Sakralkunst heraus. 1053 kommt es zum Schisma, der offiziellen Abspaltung der römisch-katholischen Kirche. 1204 lenken die Venezianer den Vierten Kreuzzug nach Konstantinopel um und lassen es plündern. Das Byzantinische Reich wird entscheidend geschwächt, weite Teile Griechenlands werden unter französische und italienische Kreuzritter aufgeteilt. Auf den Inseln des Dodekanes errichten die Johanniterritter 1309 ihren Ordensstaat.

1453 bis 1821

Osmanische Herrschaft: 1453 erobern die Türken Konstantinopel. Ganz Griechenland mit Ausnahme der Ionischen Inseln wird Teil des Osmanischen Reichs. Kreta bleibt bis 1669 venezianisch, die Ionischen Inseln mit Ausnahme von Lefkas bis 1798. Rhodos wird 1522 osmanisch.

1821 bis 1830

Unabhängigkeitskrieg: Am 25. März 1821 erheben sich die Griechen zum Freiheitskampf gegen die türkischen Besatzer. 1830 wird der griechische Sieg im Londoner Vertrag besiegelt.

1830 bis 1941

Freies Griechenland: Süd- und Mittelgriechenland, der Peloponnes sowie die Nördlichen Sporaden und die Kykladen bilden den ersten freien neugriechischen Staat. Das übrige Griechenland verbleibt zunächst noch im Osmanischen

Reich. Auf Druck der Großmächte wird in Griechenland eine Monarchie etabliert. Erster König wird der Wittelsbacher Prinz Otto, seine Gemahlin Amalia stammt aus Oldenburg. 1864 wird das Herrscherhaus durch eine dänisch-britische Dynastie abgelöst.

1863 können sich die Ionischen Inseln, die seit 1815 unter britischer Herrschaft standen, dem freien Griechenland anschließen, 1881 der Epirus und Teile Thessaliens. 1918 wird Kreta mit Griechenland vereint. In den Balkankriegen 1912/13 erreicht Griechenland weitere Gebietszuwächse. Im Ersten Weltkrieg bleibt Griechenland bis 1917 neutral, dann schließt es sich den Alliierten an. Dafür erhält es nach dem Krieg Teile Thrakiens. Nur die 1912 von italienischen Truppen besetzten Inseln des Dodekanes sind noch nicht griechisch; sie dürfen sich dem Mutterland erst im Jahr 1947 anschließen.

1922 unternimmt Griechenland den Versuch, die überwiegend von Griechen bewohnte Küste Kleinasiens zu erobern und sogar auf Ankara zu marschieren. Die türkischen Truppen unter Kemal Atatürk wehren den Angriff ab. Es kommt zu einem groß angelegten Bevölkerungsaustausch. Etwa 0,5 Millionen Muslime müssen Griechenland verlassen, ca. 1,5 Millionen Griechen aus Kleinasien und von der Schwarzmeerküste in Hellas neu angesiedelt werden. Infolgedessen kommt es zu einer weitgehenden Enteignung des Landbesitzes der griechisch-orthodoxen Klöster und der ehemaligen türkischen Großgrundbesitzer.

Im Zweiten Weltkrieg wird Griechenland 1940 von Italien

Der Flughafen von Heraklion auf Kreta

angegriffen und 1941 durch deutsche, italienische und bulgarische Truppen besetzt. Vor allem Deutsche und Bulgaren verüben zahlreiche Massaker an der Zivilbevölkerung, die oft als Vergeltungsmaßnahmen für Partisanenangriffe deklariert werden.

1941 bis 1949

1944 werden die Besatzer aus Griechenland vertrieben. Anschließend beginnt ein Bürgerkrieg zwischen kommunistischen und bürgerlichen Kräften, der im Land mehr Opfer fordert als der Zweite Weltkrieg. Die Bürgerlichen siegen, die Linken werden ins Exil getrieben.

1950 bis 1974

In den Nachkriegsjahren kommt es zu häufigen Regierungswechseln und Neuwahlen – von einer stabilen Demokratie kann keine Rede sein. 1952 tritt Griechenland der NATO bei. 1967 kommt es kurz vor Neuwahlen, die wahrscheinlich mit einem Sieg der Sozialisten geendet hätten, zu einem Militärputsch. Bis 1974 müssen die Griechen eine grausame Militärdiktatur erdulden, die über ihren Versuch, auf Zypern Erzbischof Makarios aus dem Amt zu treiben, stürzt.

ab 1974

Nach dem Sturz der Diktatur entwickelt sich Griechenland zu einer Demokratie nach westlichem Vorbild. Noch im Dezember 1974 wird die Monarchie durch Volksabstimmung abgeschafft. Am 11. Juni 1975 tritt die heute noch gültige Verfassung in Kraft. Zahlreiche nach dem Bürgerkrieg aus Griechenland vertriebene Linke oder deren Kinder dürfen in die Heimat zurückkehren und enthalten teilweise sogar staatliche Renten.

1981 tritt Griechenland als zehntes Mitglied der Europäischen Gemeinschaft (EG) bei. Seit 1999 verbessern sich dank des türkischen Interesses an einem EU-Beitritt die Beziehungen zum alten Erzfeind rapide.

2002

In diesem Jahr löst der Euro die Drachme als griechische Landeswährung ab.

2004

Athen ist Gastgeber der Olympischen Sommerspiele. Partien im Rahmen des olympischen Fußballturnier werden auch in Volos, Thessaloniki, Patras und Iraklio auf Kreta ausgetragen.

Im antiken Stadion von Olympia finden die Wettbewerbe im Kugelstoßen statt.

Griechenland von A bis Z

Anreise

Athen und Thessaloniki werden von zahlreichen Flughäfen in den deutschsprachigen Ländern ganzjährig angeflogen. Im Sommerhalbjahr bestehen auch viele direkte Verbindungen auf die Inseln und zu anderen Festlandsorten. Schnelle, komfortable und sichere Autofähren verbinden Korfu, Igoumenitsa in Nordwest-Griechenland und Patras auf dem Peloponnes ganzjährig mit den italienischen Fährhäfen Ancona, Bari, Brindisi, Triest und Venedig. Direkte Bahnverbindungen nach Griechenland gibt esderzeit nicht; die Autoanreise über das ehemalige Jugoslawien gilt als unsicher.

Einreise

Es genügt für Deutsche, Österreicher und Schweizer ein gültiger Personalausweis. Kinder unter 16 Jahren müssen im Pass eines Elternteils eingetragen sein oder einen Kinderausweis (ab 10 Jahren mit Lichtbild) vorweisen.

Eintrittspreise

Für den Besuch von Museen und archäologischen Stätten zahlt man meist drei bis sechs Euro. Kostenlos ist der Eintritt für Schüler und Studenten aus EU-Ländern mit entsprechendem Ausweis, ermäßigt für Senioren ab 60 Jahren.

Erdbebengefahr

Erdbeben sind in Griechenland relativ häufig, richten jedoch nur selten Schäden an. Im Falle eines Erdbebens sollte man Schutz unter einem Türsturz oder zumindest unter einem Tisch oder Bett suchen. Während des Bebens auf die Straße zu rennen, kann wegen herabstürzender Dachziegel oder Blumentöpfe gefährlich sein. Lifte sind auf keinen Fall zu benutzen. Ist das Beben, das meist nur einige Sekunden dauert, vorbei, begibt man sich schnell ins Freie. Am Verhalten der Einheimischen kann man sich orientieren.

Feste und Feiertage

Die Griechen feiern viel und gern. Fast jedes griechische Dorf veranstaltet zumindest einmal im Jahr sein Kirchweihfest, sein »panijyri«. Das Datum bestimmt der Kirchenkalender. Termin ist jeweils der Patronatstag des Heiligen, dem die Kirche geweiht ist. Gottesdienste gehören immer dazu, oft werden an diesem Tag die wichtigsten Ikonen der Kirche durchs Dorf oder durch die angrenzenden Olivenhaine getragen. Bei den meisten Festen der Hauptkirche des Dorfes wird auch eine »glendi« organisiert. Musiker werden engagiert, die auf dem Dorfplatz aufspielen: auf dem Lande meist traditionelle Volksmusik, in den Städten auch Rock- und Popmusik. Dazu wird viel getanzt, gegessen und getrunken. Im Jahreslauf ist der Neujahrstag der erste bedeutende Festtag. An ihm erhalten die Kinder ihre Weihnachtsgeschenke. Am 6. Januar begeht die Ostkirche den Tag der Taufe Jesu. In den größeren Orten am Meer zieht die Gemeinde morgens ans Wasser. Der Priester segnet ein Kreuz und wirft es ins Meer. In diesem Augenblick läuten die Kirchenglocken, die Schiffssirenen ertönen. Junge Menschen springen hinterher und tauchen nach dem Kreuz. Wer es findet, darf auf ein segensreiches Jahr hoffen.

Der Karneval wird in den meisten Orten nach westlichem Vorbild gefeiert. Karnevalszentrum Griechenlands ist die Hafenstadt Patras, wo am Karnevalssonntag über 16 000 aktive Karnevalisten einen stundenlangen Festzug gestalten. Am Rosenmontag ist der Karneval vorbei. Man fährt zum Picknick ins Gebirge oder an die See und lässt Drachen steigen. Nun folgt die Fastenzeit, an deren strenge Regeln sich nur noch wenige, vor allem ältere Griechen halten. Ihren Höhepunkt erreicht sie in der Karwoche. Sie beginnt am Palmsonntag. Zum Gottesdienst bringen die Gläubigen Palm- oder Ölbaumzweige mit in die Kirche, die dort gesegnet werden und 40 Tage lang in kleinen Säcken in der Kirche verbleiben. Am Karfreitag wird morgens im Gotteshaus das symbolische Grab Christi aufgebaut und mit Blumen geschmückt. Im Rahmen des Abendgottesdienstes wird dieser »Epitaph« gegen 21 Uhr in

Mit Gottes Beistand: Gottesdienst sind fester Bestandteil griechischer Feste.

einer großen Prozession durch das Dorf oder den Pfarrbezirk der Stadt getragen.

Zum Ostergottesdienst, der am Ostersamstag gegen 23 Uhr anfängt, gehen nahezu alle Griechen festlich gekleidet in die Kirche. Da drinnen selten Platz genug für alle ist, wird der Gottesdienst über Lautsprecher auf den Kirchhof übertragen. Die Stimmung ist gedämpft und gespannt zugleich: Noch ist Christus tot, aber jeder weiß, dass seine Auferstehung unmittelbar bevorsteht. Kurz vor Mitternacht treten Sekunden des Schweigens ein. Alle Lichter bis auf das Ewige Licht in der Kirche werden gelöscht. Dann verkündet der Priester die Auferstehung mit den Worten »Christos anesti«. Am Ewigen Licht werden die ersten von den Gläubigen mitgebrachten Kerzen entzündet. Schnell wandert die Flamme von Kerze zu Kerze. Raketen steigen in die Luft, Böller explodieren. Dann geht man heim, wo schon die Ostersuppe »magiritsa« vorbereitet ist, eine leicht säuerlich schmeckende Suppe mit Innereien von Lamm oder Zicklein. Sie stammen zumeist von dem Tier, das die Familie die Nacht über im Backofen oder den Vormittag über am Spieß über offenem Holzkohlenfeuer gart. Ab dem Mittag sitzt man beim Trinken, Schmausen und Feiern mit der Familie und den Freunden zusammen.

Der einzige hohe Festtag, der in den Sommer fällt, ist der 15. August. Es ist der Tag, an dem Maria starb und Christus ihre Seele in den Himmel erhob. Da die Mehrzahl der griechischen Kirchen Maria geweiht ist, findet fast überall ein großes Fest mit Musik und Tanz statt. Und da Hochsom-mer ist, lässt es sich besonders gut im Freien feiern und fröhlich sein.

Zu den zahlreichen kirchlichen Feiertagen kommen noch zwei Nationalfeiertage hinzu. Am 25. März gedenkt man dem Beginn des griechischen Freiheitskampfes gegen die Türken am 25. März 1821. An diesem Tag finden am Vormittag vor allem Gedenkmärsche zur Kranzniederlegung am Gefallendenkmal des Dorfes statt. Sie werden dadurch auch für Urlauber reizvoll, weil an ihnen fast immer auch viele in historische Trachten gehüllte Schüler teilnehmen, die häufig zum Abschluss Volkstänze aufführen. Am 28. Oktober gedenkt Griechenland des »Großen Historischen Neins« mit Militärparaden und Kranzniederlegungen: Am 28. Oktober 1940 lehnte der griechische Diktator Metaxas ein Ultimatum zur kampflosen Kapitulation ab, dass Benito Mussolini der Regierung gestellt hatte. Daraufhin marschierte Italien in Griechenland ein, das so in den Zweiten Weltkrieg verwickelt wurde.

Foto- und Videoaufnahmen

Das Fotografieren und Filmen in der Nähe von Militäranlagen ist strikt verboten und kann zur Beschlagnahme von Aufnahmematerial und Kameras führen. In manchen Kirchen und Klöstern herrscht generelles Foto- und Filmverbot; das Fotografieren von Ikonen wird nicht gern gesehen. Aufnahmen ohne Stativ und Blitzlicht sind in den meisten Museen gestattet; für Videoaufnahmen in bedeutenden archäologischen Stätten wird

Kontraste: Mit welcher Kreditkarte wohl diese alte Dame zahlt?

häufig eine Gebühr verlangt. Filme, Kassetten, Chips, Batterien und Akkus sind in Griechenland teuer, man nimmt besser genügend Vorrat mit.

Geld und Preisniveau

2002 hat der Euro die Drachme als Landeswährung ersetzt. Bargeld kann mit Maestro-Karte oder Kreditkarten und PIN an zahllosen Bankautomaten rund um die Uhr gezogen werden. Banken haben montags bis donnerstags 8 bis 14 Uhr, freitags 8 bis 13:30 Uhr geöffnet.

Das Preisniveau in Griechenland entspricht in etwa dem deutschen. Deutlich preiswerter sind Benzin und Diesel, öffentliche Verkehrsmittel und Hotelübernachtungen.

Gesundheitsvorsorge

Besondere Schutzimpfungen sind nicht erforderlich. In die Reiseapotheke gehören vorbeugende und schmerzlindernde Mittel gegen Mückenstiche, eventuell sogar ein engmaschiges Moskitonetz.

Da griechische Ärzte oft schon bei kleinen Wehwehchen Antibiotika verschreiben, sollte man eventuell pflanzliche Mittel gegen Husten und Erkältungen selbst mitbringen. Schmerztabletten wie Aspirin hingegen kauft man besser in Hellas, da sie hier sehr preiswert sind.

Sozialversicherungsabkommen bestehen zwischen Griechenland und Deutschland sowie Griechenland und Österreich. Pflichtversicherte Bürger dieser Länder sollten den Auslandskrankenschein ihrer Krankenkasse mitnehmen. Er muss bei Bedarf in Griechenland jedoch erst sehr umständlich gegen einen griechischen Anrechtsschein umgetauscht werden und kann nur bei ausgewählten Kassenärzten sowie in staatlichen Krankenhäuser eingesetzt werden.

Aus diesen Gründen ist der Abschluss einer privaten Reisekrankenversicherung dringend zu empfehlen.

Haustiere

Hunde, die nach Griechenland mitgenomen werden, müssen nachweislich gegen Tollwut geimpft und gesund sein. Über die aktuell notwendigen Dokumente informieren die deutschen Tierärzte.

Information

Griechische Zentrale für Fremdenverkehr

in Deutschland:
Neue Mainzer Str. 22
60311 Frankfurt am Main
Tel. (0 69) 2 57 82 70
Fax (0 69) 25 78 27 29
E-Mail: info@gzf-eot.de

in Österreich:
Opernring 8
1015 Wien
Tel. (01) 5 12 53 17
Fax (01) 5 13 91 89
E-Mail: grect@vienna.at

in der Schweiz:
Löwenstr. 25
8001 Zürich
Tel. 0 12 21 01 05
Fax 0 12 12 05 16
E-Mail: eot@bluewing.ch

Informationen im Internet

www.gnto.gr: Englischsprachiges Portal der Fremdenverkehrszentrale, viele Links. www.culture.gr: Englischsprachiges Portal des Kultusministeriums, viele Infos zu Museen und archäologischen Stätten mit Öffnungszeiten und Eintrittspreisen. www.olympicairlines.com; www.aegean.com: Websites der beiden griechischen Fluggesellschaften. www.ocean24.de: Fahrplanauskünfte und Buchungen für alle Fähren nach Griechenland. www.ekathimerini.com: Englischsprachige Ausgabe einer großen Athener Tageszeitung.

Reisen im Land

Das Hauptverkehrsmittel der Griechen für Reisen im eigenen Land ist neben dem Auto vor allem der Linienbus. Die Griechischen Eisenbahnen (OSE) werden zur Zeit modernisiert und sind teilweise schon auf hohem Standard, erschließen aber überwiegend den Peloponnes und die Städte entlang der Route von Athen über Thessaloniki bis hin zur türkischen Grenze. Gut ausgebaut ist der innergriechische Luftverkehr. Moderne Autofähren verbinden vor allem Athens Hafenstadt Piräus mit nahezu allen Inseln in der Ägäis.

Mit dem Auto: Wer nicht mit dem eigenen Wagen kommt, kann in allen Städten und Urlaubsorten ein Fahrzeug mieten. Oft ist es günstiger, das Mietauto schon übers Reisebüro oder per Internet von zu

Überall zu leihen sind Mopeds, Vespas und Autos.

Hause aus zu buchen, zumal dann die Versicherungsleistungen umfassender sind. Die Preise richten sich außer nach der Wagenklasse vor allem nach der Mietdauer.

Die Verkehrsregeln in Griechenland entsprechen weitgehend den unseren.

Die zulässige Höchstgeschwindigkeit in bebauten Gebieten beträgt 50 km/h, auf Landstraßen 90 km/h, auf Schnellstraßen 110 km/h auf Autobahnen 120 km/h. Die Promillegrenze liegt für Motorradfahrer und Fahrer von Wohnmobilen über 3,5 t Gesamtgewicht bei 0,1, sonst bei 0,25. Für Motorrad- und Moped-Fahrer herrscht Helm-, für Autoinsassen Anschnallpflicht.

Mit dem Bus: Linienbusse sind preiswert und verbinden fast alle griechischen Provinzhauptstädte mit Athen und Thessaloniki. Von den einzelnen Provinzhauptstädten aus bestehen regionale Verbindun-

gen in nahezu alle Dörfer der Region. Auch auf den Inseln gibt es gute Linienbusverbindungen. Gedruckte Fahrpläne werden außer auf Kreta fast nie publiziert. Teilweise sind sie im Internet unter www.ktel.org zu finden, ansonsten findet man sie auf Schautafeln an den großen Busbahnhöfen notiert.

Mit der Bahn: Bahnfahrten zweiter Klasse sind noch billiger als Busfahrten. Komfortabel sind die neuen IC- und ICE-Züge, die auf den Hauptstrecken zum Peloponnes sowie zwischen Athen, Thessaloniki und Alexandroupoli eingesetzt werden. Für sie ist eine Vorausreservierung ebenso ratsam wie für den Schlafwagenzug zwischen Athen und Thessaloniki. Gedruckte, nur auf Griechisch verfasste Fahrpläne sind oft auf den größeren Bahnhöfen erhältlich; demnächst sollen sie auch im Internet unter www.ose.gr zu finden sein.

Mit dem Flugzeug: Olympic Airlines und Aegean Airlines verbinden Athen mit nahezu allen Verkehrsflughäfen des Landes. Davon gibt es auf dem Festland acht, auf den Inseln 27. Auch von Thessaloniki aus werden mehrere Inlandsziele angesteuert, weitere Querverbindungen sind eher selten. Die Flugpreise sind noch relativ günstig. Infos im Internet: www.olympicairlines.com und www.aegean.com.

Mit dem Schiff: Zahllose große und kleine Autofähren sowie Tragflügelboote und Katamarane sorgen für gute Verbindungen zwischen den Inseln und dem Festland. Die Verbindungen zwischen den Inseln eines Archipels sind mit Ausnahme der Ionischen Inseln ebenfalls gut. Verbindungen zwischen den verschiedenen Archipelen lassen jedoch zu wünschen übrig.

An Bord konventioneller Fähren gibt es meistens drei Klassen, an Bord von Schnell-schiffen und Katamaranen zwei Klassen und auf Tragflügelbooten eine Einheitsklasse. Bei Nachtfahrten steht Passagieren der Ersten und Zweiten Klasse ein Kabinenplatz zu. Fahrkarten kauft man in den Fährbüros an den Häfen. Eine Vorausreservierung für Passagiere empfiehlt sich für die Tragflügelboote sowie in der Osterzeit, im August und kurz vor und nach Wahlsonntagen. Passagen für Autos sollte man so früh wie möglich buchen. Ein gedruckter Gesamtfahrplan fürs Sommerhalbjahr kann kostenlos bei den Büros der Griechischen Zentrale für Fremdenverkehr angefordert werden. Monatsfahrpläne kann man in einigen sehr guten Buchhandlungen kaufen. Sie enthalten jedoch nicht lückenlos alle Verbindungen, Abfahrts- und Ankunftszeiten, können, weil wetterabhängig, nie garantiert werden. Einen aktuellen Wochenfahrplan für die Abfahrten ab Piräus erhält man bei den Tourist-Informationen auf der Ankunftsebene des Athener Flughafens. Aktuelle Fahrplanauskünfte findet man im Internet unter www.gtpnet.com. Gibt man dort unter »GTP Ferry Departures« das Stichwort »Piraeus« ein, erhält man für das angegebene Datum (maximal eine Woche im voraus) alle Abfahrten ab Piräus. Außerdem kann man sich den Monatsfahrplan für alle gewünschten Strecken anzeigen lassen, muss dabei aber eventuell mit der Schreibweise der jeweiligen Hafennamen herumexperimentieren.

Die wichtigste Grundregel für alle Schiffsreisende in Griechenland ist die, immer mit plötzlich aufkommenden Stürmen zu rechnen, selbst im Hochsommer. Man sollte darum die Rückreise zum Ort, von dem aus man nach Hause fliegt, nie auf den letztmöglichen Termin legen, sondern einen Tag Sicherheit einplanen!

Mit dem Taxi: Taxis sind in Griechenland zahlreich und preiswert. Wer zu viert reist, zahlt nur geringfügig mehr als für den Linienbus oder die Bahn. In den Städten sind die Taxis mit Taxametern ausgerüstet. In ländlichen Regionen heißen die Taxis »Agoraion«. Die Tarife entsprechen denen der städtischen Taxis, werden jedoch nach einer Kilometertabelle berechnet. Die Tarife müssen (auch auf Englisch) in jedem Taxi und Agoraion einsehbar sein.

Reisezeit und Klima

Wer vor allem einen Badeurlaub in Griechenland verbringen möchte, kommt am besten zwischen Mitte Mai und Mitte Oktober. Dann liegen die Wassertemperaturen über der Bibbermarke von 19 und 20 Grad Celsius, ist Sonnenschein garantiert. Wer eine üppig blühende Natur erleben will, macht sich zwischen März und Mitte Mai auf den Weg nach Hellas. Für ausgedehnte Besichtigungen sind die Monate April und Mai sowie September und Oktober am besten geeignet. Wer Griechenland fast ohne Touristen erleben will, kommt zwischen November und März, muss dann allerdings auch mit Wolken, Sturm, hoher Luftfeuchtigkeit und heftigen Niederschlägen rechnen. Die Großstädte Athen und Thessaloniki sind ein attraktives Reiseziel fürs ganze Jahr. Für einen längeren Winterurlaub bei milden Temperaturen und relativ viel Sonnenschein sind die Südküste Kretas, die Insel Rhodos und der Süden des Peloponnes am ehesten zu empfehlen.

Bedingt durch Lage und Relief herrschen in Griechenland das ganze Jahr über große Temperaturunterschiede auf kleinstem Raum. Auf dem Festland überwinden Reisende an manchen Tagen mehrmals Höhenunterschiede von über 1000 Metern. Darauf sollten Rundreisende sich immer einstellen. Auch im Sommer können in den Festlandsgebirgen längere Gewitterregen niedergehen. Die Winter sind auf dem Festland schneereich, die Schneegrenze liegt meist bei etwa 1000 Metern. Nicht nur in entlegenen Landesteilen, sondern sogar in der Umgebung Athens sind dann an manchen Tagen auf manchen Strecken Schneeketten Pflicht. Für den Besuch eines der vielen griechischen Wintersportgebiete sind sie zwischen Dezember und Anfang März häufig unerlässlich.

Um ein ungefähres Bild vom griechischen Klima zu vermitteln, hier einige Wetterdaten für Athen: Im Januar/Dezember ist es dort im langjährigen Jahresmittel mittags etwa 15 Grad Celsius warm, im Mai und Oktober etwa 23 bis 25 Grad Celsius und im Juli/August etwa 33 Grad Celsius. Die Nachttemperaturen sinken von Dezember bis Februar auf etwa 9 Grad Celsius ab, im Juni und September auf etwa 20 Grad Celsius und im Juli/August auf 23 Grad Celsius. Das Meerwasser ist hier von Januar bis März mit 14 Grad Celsius am kühlsten, im Juli/August mit 24 Grad Celsius am wärmsten. Die tägliche Sonnenscheindauer liegt zwischen vier Stunden im Januar und 13 Stunden im Juli.

Sprache

Das Neugriechische ist eine indoeuropäische Sprache, deren Wurzeln im Altgriechischen liegen. Es gibt keine unmittelbar verwandte andere Sprache. Viele griechische Worte sind jedoch ins Vokabular anderer Sprachen wie des Deutschen, Englischen und Französischen eingegangen. Die Griechen benutzen das griechische Alphabet, das nur teilweise dem sehr viel jüngeren, aus dem griechischen abgeleiteten kyrillischen Alphabet ähnelt.

Die Buchstaben des griechischen Alphabets zu kennen, ist auf Reisen hilfreich, obwohl fast alle Wegweiser sowie Orts- und Hinweisschilder auch die lateinische Umschrift tragen. Da es jedoch keine verbindliche Umschriftregelung gibt, können griechische Namen und Wörter ganz unterschiedlich transkribiert werden. Dem Reisenden wird hier oft echter Pfadfindergeist abverlangt. So kann man für »Delphi« beispielsweise auch »Delfi«oder »Delphoi« lesen, für »Mykene« auch »Mikini«, »Mycenae« etc.

Die Verständigung im Lande selbst ist weniger kompliziert. Viele Hellenen sprechen zumindest etwas Englisch, häufig auch Deutsch oder Italienisch. Speisekarten sind fast immer mehrsprachig abgefasst. Wer sich im Griechischen versuchen will, muss vor allem darauf achten, dass er alle Namen und Wörter richtig betont. In unserem kleinen Sprachführer im Reisebegleiter tragen darum alle mindestens zweisilbigen Wörter wie auch im Griechischen üblich einen Akzent auf der zu betonenden Silbe.

Unterkunft

Griechenland beherbergt alljährlich etwa 15 Millionen ausländische Reisende und viele griechische Binnentouristen. Zimmer werden nicht nur in Touristenzentren und Städten, sondern auf allen Inseln und auch in vielen kleinen Festlandsorten abseits der Küsten vermietet.

Campingplätze sind zahlreich, jedoch nicht auf allen Inseln zu finden; wildes Zelten ist überall verboten.

Die Hotels des Landes sind offiziell in sechs Kategorien eingeteilt, die von Luxus über A bis E reichen. Die Kategorien sagen nur etwas über die Zimmergröße und die allgemeinen Hoteleinrichtungen aus, jedoch nichts über deren Alter und Zustand oder gar die Freundlichkeit des Personals. Auch über die Zimmerpreise geben sie nur sehr bedingt Aufschluss.

Sehr zahlreich werden Studios und Apartments angeboten. Studios ähneln Hotelzimmern, verfügen jedoch zumindest über Kühlschrank und eine einfache Kochgelegenheit. Apartments bieten meist mehr Platz und eine – sehr unterschiedlich gute – Vollküche. Studios und Apartments sind in der Regel weitaus preiswerter als Hotels. Das trifft auch für Zimmer in Pensionen zu. Studios, Apartments und Pensionen werden offiziell in drei Kategorien unterteilt, die von A bis C reichen.

Eine besonders attraktive Wohnform in Hotels, Pensionen und Studio-Häusern bieten die »Traditional Hotels« und »Traditional Houses«, die immer zahlreicher werden. Hier übernachtet man in über 100 Jahre alten, restaurierten Herrenhäusern, Villen und Landsitzen, deren Zimmer mit traditionellen Möbeln eingerichtet sind. Häufig werden hier zum Frühstück hausgemachte Marmeladen und Honig aus der Region sowie andere regionale Spezialitäten angeboten.

Eine längerfristige Vorausbuchung von Unterkünften ist nur im Juli und vor allem im August ratsam oder wenn man unbedingt in einem bestimmten Haus übernachten will. Ein Verzeichnis aller Unterkünfte in Griechenland gibt es nicht; immer mehr Hotels und Quartiergeber bieten jedoch Buchungsmöglichkeiten über das Internet.

Preisvergleiche sind lohnenswert, denn außerhalb der Hochsaison im Juli und August lassen viele Wirte mit sich handeln. Wenn die Nachfrage schwach ist, liegen die Zimmerpreise häufig bis zu 75 Prozent unter den offiziellen Raten.

Zeit

In Griechenland gilt ganzjährig die Osteuropäische Zeit (OEZ). Es ist dort also immer eine Stunde später als in Deutschland, Österreich und der Schweiz.

Zoll

Waren zum persönlichen Gebrauch dürfen zollfrei eingeführt werden. EU-Bürger können bis zu 800 Zigaretten, 90 Liter Wein oder 10 Liter Spirituosen mitbringen und in ihr Heimatland einführen, wenn die Ware in EU-Ländern gekauft wurde. Für Schweizer gelten engere Obergrenzen: 200 Zigaretten und 1 Liter Spirituosen oder 2 Liter Wein.

Nicht immer ist die Ausschilderung so vielsprachig wie hier auf Kreta.

Register

Lektorat: Sonya Mayer

Satz und Layout: VerlagsService
Dr. Helmut Neuberger
& Karl Schaumann, Heimstetten

Repro: Lana Repro

Kartographie: KartenGrafik,
Thomas Vogelmann

Herstellung: Bettina Schippel

Abbildungsnachweis:
Umschlagvorderseite:
Seite 1: Orangenernte auf Kreta
Seite 2–3: Hafen von Kokkari, Samos
(alle Bilder von Rainer Hackenberg)

Klaus Bötig: Seite 97, 98 (M, r), 99,
100–101, 109 (o, u), 110–111, 110 (l, r),
112 (o, u)
M = Mitte, o = oben, u = unten, l = links,
r = rechts